100 Jahre Max Näder – Der Mensch im Mittelpunkt

Ohne Zweifel gehört mein Vater Dr.-Ing. E.h. Max Näder zu den herausragenden Persönlichkeiten der technischen Orthopädie des 20. Jahrhunderts. Mit wegweisenden Innovationen wie myoelektrischen Armprothesen und Ottobock Modular-Beinprothesen hat er weltweit Standards gesetzt und die orthopädische Versorgung zur Wiedererlangung der Mobilität nachhaltig geprägt. Er schuf damit eine Basis für praxisgerechte Rehabilitation von Amputierten und deren gesellschaftliche Integration, als der Begriff „Inklusion" noch kein allgemeines Thema war.

Sein Engagement für Menschen mit Handicap war einzigartig; sie standen in seinem Denken und Handeln stets im Mittelpunkt.

Die Erfolge meines Vaters basierten auf christlichen Werten und unternehmerischen Tugenden ebenso wie auf seiner unermüdlichen Schaffenskraft und seinem optimistischen Weitblick. Nicht zuletzt sein Humor und seine Fähigkeit, die richtigen Mitstreiter zu finden und mitzureißen, sind und bleiben für mich vorbildlich.

Über fünf Jahrzehnte hat er unsere Firmengruppe Otto Bock HealthCare erfolgreich geführt und die weltweite Marktführerschaft eingeleitet. Für mich war Max Näder liebevoller Vater und unternehmerisches Vorbild mit Zukunftsvisionen; zugleich war er väterlicher Freund und unersetzlicher Ratgeber.

Vor knapp sechs Jahren – am 24. Juli 2009, einen Monat nach seinem 94. Geburtstag – ist er für immer von uns gegangen. Seinen 100. Geburtstag nehme ich gern zum Anlass, ihn in den Mittelpunkt zu stellen und sein umfangreiches Lebenswerk zu würdigen. Wir beleuchten die vielfältigen Facetten seines Lebenswerkes in Familie, Freizeit und Beruf und schauen einmal hinter die sprichwörtlichen Kulissen.

Mehr als neun Lebensjahrzehnte – vom Ersten Weltkrieg bis zu den Paralympics 2004 in Athen – auf 170 Seiten zu bannen, ist ein sehr anspruchsvolles Unterfangen, das viel Engagement und Fingerspitzengefühl erfordert und für das ich allen Protagonisten herzlich danke.

Sie schlagen eine Brücke über wichtige Jahrzehnte von gestern zu heute und erlauben Ausblicke in das Morgen. Wichtige Wegbegleiter kommen beispielhaft zu Wort und ergänzen die Autorenbeiträge z.T. mit persönlichen Erlebnissen. Nicht zuletzt unterstreichen Auszüge von persönlichen Aufzeichnungen meiner Mutter und viele Bilder aus Familienalben als wertvolle Dokumente diese einzigartige Biografie.

Für mich persönlich hat das Interview meiner Töchter Julia und Georgia über ihre Erinnerungen an die Großeltern einen hohen emotionalen Wert, und es stellt gleichzeitig die Verbindung zur zukünftigen Generation her.

Schauen wir zurück: Max Näder wird am 24. Juni 1915 in Oberweißbach im Thüringer Wald geboren. Nach dem Abitur, 1935, beginnt er eine Lehre als Orthopädiemechaniker in der Otto Bock Orthopädische Industrie in Königsee, die mein Großvater 1919 in Berlin gegründet hat. Von diesem Zeitpunkt an ist Max Näders Lebensweg untrennbar mit Firma und Familie und mit der Orthopädietechnik verbunden.

Er schließt seine Lehre mit der Gesellenprüfung ab, beginnt ein Maschinenbau-Studium an der TU Berlin, das 1938 durch die Einberufung unterbrochen wird. Schicksalsjahre – heute unvorstellbar – mit Kriegseinsätzen in Frankreich und Afrika. Eheschließung 1943 mit Maria Bock, 1945 Entlassung aus der Kriegsgefangenschaft nach Hamburg und endlich das Wiedersehen mit seiner Ehefrau.

Schwere Nachkriegszeit mit Neuanfang 1946 in Duderstadt, wo 1947 am Euzenberg in Halle 20 die Fertigung von Prothesen-Passteilen beginnt. Eine

Student Max Näder, 1937.

170

73

152

163

Nervenstark, zupackend, optimistisch. Unternehmer und Motor der technischen Orthopädie Max Näder.

neue Heimat für meine Großeltern, die nach der Enteignung 1948 Thüringen verlassen und gemeinsam mit meinen Eltern die Otto Bock Orthopädische Industrie KG aufbauen.

Schicksale deutscher Unternehmerfamilien, die Betrieb und Heimat durch die deutsche Teilung verloren und die später das Wirtschaftswunder aktiv mitgestaltet haben. Viele sind völlig neue Wege gegangen – wie mein Vater mit der Gründung der Kunststoff KG 1953 – und stellten frühzeitig Weichen für die internationalen Märkte: USA-Reise meiner Eltern 1956.

Soweit einige Impressionen der Duderstädter Anfänge, bevor ich 1961 als wichtiges Familienereignis dazukam. Meine ersten Kindheitserinnerungen haben mit Baustellen-Besuchen in der Industriestraße zu tun, wobei das Karussell fahren anlässlich des Richtfestes 1969 wohl besonders wichtig war.

Voll Dankbarkeit und Stolz blicke ich auf das Lebenswerk meiner Großeltern und meiner Eltern zurück. Ihr Optimismus in schweren Zeiten und ihre gemeinsame Schaffenskraft beim Neuanfang bewundere ich voller Respekt. Ihre unternehmerischen Leistungen und ihr zukunftsorientiertes Handeln geben mir bis heute Orientierung für meine Aufgabe als Familienunternehmer in der dritten Generation.

Eine dreimonatige Geschäftsreise quer durch Nordamerika signalisiert Max Näders Aufbruch in die Neue Welt: „Zusammen mit unserem USA-Vertreter Harry Fahrenholz besichtigen wir den sehr schön angelegten Public-Square von Cleveland", notiert Maria Näder am 16. September 1956 in ihrem Reisetagebuch.

Geburtstagsempfang vor der Firma.
Max Näder mit Ehefrau Maria bei seinem 80. Geburtstag am 24. Juni 1995.

In einem typischen Kreuzberger Gewerbehof in der Köpenicker Str. 147 beginnt 1919 die Geschichte der Orthopädischen Industrie mit ihrem Gründer Otto Bock. 2007 unternehmen Max und Hans Georg Näder eine Zeitreise zu den Wurzeln ihres Unternehmens.

Zahlreiche Ehrungen wie die Ehren-Promotion Dr.-Ing. E.h., die Heine-Hessing-Medaille und Hohmann Plakette dokumentieren die spannenden Jahrzehnte erfolgreicher Arbeit mit wegweisenden Erfindungen. Max Näders Engagement als Bürgerunternehmer für vielfältige soziale Projekte sind beispielhaft zu nennen. Und sein persönliches Umfeld als Ehemann, Vater und Großvater war stets die Quelle seiner menschlichen Haltung an der Spitze von Ottobock. An seinem 75. Geburtstag 1990 hat mir mein Vater offiziell die Firmengruppe Otto Bock übergeben. Den weiteren Aufbau zum Global Player hat er mit Stolz und positivem Interesse begleitet. Die Rückkehr in die alte Heimat Thüringen nach dem Fall des Eisernen Vorhangs gehört zu den gemeinsamen extrem emotionalen Erlebnissen: Das Stammhaus Otto Bock in Königsee gehört seit 1991 wieder zur Firmengruppe und wurde von mir für eine moderne Rollstuhlfertigung aufgebaut.

So schließt sich der Kreis eines deutschen Familienunternehmerns, das heute weltweit mehr als 7.500 Mitarbeiter beschäftigt.

Mit der Eröffnung meines erweiterten und restaurierten Elternhauses am 24. Juni 2015 nimmt das Ottobock Firmen- und Familienarchiv offiziell seine Arbeit auf. Das Max Näder Haus ist Wissensspeicher und Begegnungsstätte zugleich. Es ist Sitz des Näder Family Office und schlägt den Bogen – gestern, heute, morgen – von der Firmen- und Familiengeschichte in die Zukunft. Das Haus, in dem ich meine Kindertage und meine Jugendzeit verlebt habe, ist in der neuen Form ein Bekenntnis zu meiner Duderstädter Heimat und eine Hommage an meine Eltern.

Die menschlichen Aspekte und viele Geschichten am Rande der großen Welt- und Firmengeschichte stehen bei dem vorliegenden Magazin im Vordergrund und stellen die Persönlichkeit Max Näders in den Mittelpunkt.

Ich wünsche Ihnen viel Freude bei der Lektüre und beim Betrachten der vielen bekannten und vor allem auch unbekannten Bilder.

Herzlichst

Ihr Hans Georg Näder

Im Haus ihrer Großeltern in Königsee wachsen sie auf: Max, hier im linken Fenster, sorgfältig gescheitelt und mit Matrosenkragen, und sein Bruder Kurt im Fenster daneben.

Von Königsee hinaus ins Leben

1915—1945
Jugend, Ausbildung, Kriegszeit

Ein begabter Junge, der von Schiffen und Flugzeugen träumt

Maria Hauff

Wer ist dieser junge Mann? Max Näders Vater Paul? Im Familienalbum hat er seinen Platz neben Helene, Max und Kurt.
Links: Der einjährige Max und sein drei Jahre älterer Bruder Kurt auf dem Schoß ihrer Mutter Helene Näder. Sie trägt zwei Eheringe im Andenken an ihren Mann Paul Näder, der 1916 verstarb.

Max Näders Kindheit ist vom frühen Verlust des Vaters überschattet. Deutschland befindet sich im Ersten Weltkrieg. Dennoch findet er sein Kindheitsparadies im thüringischen Königsee. Der junge Max Näder ist sportlich, musikalisch und beschäftigt sich schon in der Schulzeit mit dem Bau von Segelfliegern.

Bilder einer Kindheit

Wie lässt sich die Lebenswelt eines kleinen Jungen fassen, der vor 100 Jahren geboren wurde?

Der Mangel an Zeitzeugen macht es schwierig. Wären da nicht die sorgsam im Hause Näder aufbewahrten Familienalben - wahre Schätze und unersetzbare Quellen, insbesondere im Zusammenhang mit den autobiografischen Aufzeichnungen der Familie.

Das ehrfürchtige Aufblättern des ältesten, um 1916 begonnenen Fotoalbums gleicht einer Entdeckung. Da sind sie alle: Mutter, Bruder, Tante, ein Onkel in Uniform, die Großeltern und Max vom Kleinkind bis ins Schulalter.

Glücklicherweise sind die meisten Bilder beschriftet und auch ein handgeschriebener Stammbaum hilft, die Verwandtschaftsverhältnisse zu entknoten. Doch ein Rätsel bleibt: Wer ist der junge, gut aussehende Mann in einem medaillonförmigen Passepartout? Max Näders Vater?

Max Näder, mit vollständigem Namen Hugo Otto Max, wird am 24. Juni 1915 in eine bürgerliche Familie hineingeboren. Sein Geburtsort ist Oberweißbach, eine 2000-Seelen-Gemeinde im Herzen des Thüringer Waldes, wo sein Vater Paul Näder, gebürtig 1892 in Königsee, als Bürovorsteher in einer Kanzlei arbeitet. Seine Mutter Helene, eine geborene Graf, Jahrgang 1894, stammt von hier. Sie ist attraktiv und elegant, trägt Pelz beim Schlittenfahren.

Der Ort Oberweißbach, 1932 zur Stadt erhoben, gehört zum Fürstentum Schwarzburg-Rudolstadt, das nach 1918 als Freistaat existiert und 1920 im

Zu Hause am Kaffeetisch. Familie Näder zu Beginn der 1920er Jahre: Helene Näder, Max Näder, dessen Großeltern Thekla und Oskar Näder, Kurt Näder und Franz Rasch, Helenes zweiter Ehemann.

Land Thüringen aufgeht. Oberweißbach ist auch die Heimat des Kindergarten-Begründers Friedrich Fröbel (1782–1852) und ein Zentrum der Glühlampenindustrie. In Max Näders Kindertagen allerdings gibt es hier noch keinen elektrischen Strom. Und auch sonst ist die Welt um ihn herum düster, denn Deutschland befindet sich mitten im Ersten Weltkrieg.

Die erste große Erschütterung trifft die Familie 1916. Paul Näder steht kurz vor seiner Einberufung zum Militär, als er erst 24-jährig überraschend stirbt. Max ist gerade eineinhalb, hat also seinen Vater kaum gekannt. Helene, die nun als alleinerziehende Mutter dasteht, zieht 1917 mit Max und seinem drei Jahre älteren Bruder Kurt zu ihren Schwiegereltern ins 15 km entfernte Königsee.

„So also bin ich Königseer geworden und bin es geblieben, mit Ausnahme einiger Unterbrechungen", beschreibt Max Näder seine heimatliche Verwurzelung später einmal.

Zu Hause bei den Großeltern

Trotz Kriegs- und Hungerzeit wächst Max Näder liebevoll behütet im Haus seiner Großeltern Oskar und Thekla Näder in der Schwarzburger Straße auf. Die Jungen werden feingemacht, wenn sich die Familie an Festtagen in der guten Stube zum Kaffeetrinken niederlässt. Bald gesellt sich auch der Pharmazeut Franz Rasch hinzu, den Helene 1926 heiratet. Der Schuhwarenladen der Näders unten im Haus läuft nicht schlecht. Die Regale sind gut bestückt, auch mit eleganten Modellen. Als Max 1922 in die Volksschule kommt, gehört er zu den Wenigen, die glücklich eine Zuckertüte in der Hand halten.

Sport gehört zu seinen Lieblingsfächern. Schon als kleiner Kerl von sechs Jahren erringt er Preise auf Turnfesten.

Nach der vierten Klasse wechselt er auf die Unterrealschule und besucht anschließend, von 1930 bis 1935, die Oberrealschule in Rudolstadt – so heißt ein später auslaufender Zweig des dortigen Gymnasiums. Schultags ist er bei einer Pensionsmutter einquartiert. Sonnabendnachmittags fährt er mit dem Fahrrad oder dem Zug nach Hause, um am Sonntagabend wieder nach Rudolstadt aufzubrechen. „Fast mit Ungeduld erwartet man Sonnabend/Sonntag. Ist da doch Thuringia, die Fußball-Jugend-Mannschaft, in der ich

Max Näder erzählt

Maria Hauff

Jeder, der im Eichsfeld aufgewachsen ist und in Duderstadt die Schule besuchte, kennt die Firma Otto Bock und damit auch die Unternehmerfamilie Näder. Spuren des langjährigen Ottobock Chefs und Ehrenbürgers sind überall in der Stadt zu finden, seine Leistungen ohne Beispiel. Doch wie ist Max Näder eigentlich, wenn man ihm als Gesprächspartner gegenüber sitzt? So in etwa waren meine Gedanken, als ich mit Dr. Max Näder 2002 zum Interview verabredet war. Hans Georg Näder – jüngerer Mitschüler meiner Duderstädter Gymnasialzeit – hatte mir eine Firmenbiografie in Auftrag gegeben, die 2009 als „Bewegte Zeiten" erschienen ist. Im Verwaltungsgebäude des Firmensitzes an der Straße, die den Namen Max Näder schon zu seinen Lebzeiten trug, erwartete ich in einem nüchternen Sitzungsraum gespannt die autobiografischen Schilderungen des Firmenseniors. Sie sollten die Zeit seiner Jugend und die Nachkriegszeit bis zum Tod Otto Bocks im Jahr 1953 umfassen. Würde der eingeschaltete Rekorder die Erzähl-Atmosphäre stören?
„Es ist gar nicht so einfach, von einem langen Leben von etwas mehr als neunzig Jahren zwar möglichst ausführlich, andererseits aber so kurz wie möglich zu berichten, um den Leser bis zum Heute bei der Stange zu halten." Schon die ersten Sätze des vornehmen alten Herrn, der Disziplin und Korrektheit, aber auch Freundlichkeit und Humor ausstrahlte, ließen erkennen, dass er nichts dem Zufall überließ. Gut vorbereitet hatte er die Abfolge seiner Ausführungen durchstrukturiert, überlegt baute er Vorgriffe und Rückblicke ein. Die Rhetorik seines flüssigen Vortrags, der ihn an bestimmten Passagen auch hin und wieder zu einem Anflug von Ironie und Heiterkeit verleitete, war ein Beispiel an Wortgewandtheit, Präzision und minutiöser Erinnerungsfähigkeit.

Maria Hauff, M. A. (Jahrgang 1955), Hochschulabschluss in Kunstgeschichte und englischer Literatur- und Sprachwissenschaft. Wissenschaftliche Projektarbeit im musealen und archivischen Bereich. Autorentätigkeit und Ausstellungskonzeption, seit 2013 Aufbau des Ottobock Firmen- und Familienarchivs

Max Näders Heimat ist das ländlich geprägte Königsee am Nordosthang des Thüringer Waldes. Den Marktplatz der Kleinstadt dominiert der barocke Rathausbau mit Turm.

Mittelstürmer spiele. Sind da doch die Schulfreunde von früher, denn nicht alle können nach Rudolstadt gehen. Die Oberrealschule kostet Schulgeld, und die Schulbücher müssen auch bezahlt werden."

Fußball ist nicht seine einzige Leidenschaft. Mit gleicher Begeisterung widmet sich Max dem Schwimmen und dem Skifahren. Auch im Königseer Tennisverein macht er eine gute Figur. Dresscode: weiße lange Hose und weißes Hemd.

In einer bewaldeten Lage oberhalb Königsees besitzt Franz Rasch ein Gartenhaus. Dieses idyllische Refugium mit vielen Obstbäumen, Erdbeer- und Kartoffelbeeten ist Max Näders „Kindheitsparadies". So beschreibt es Maria Näder später ihrem Sohn Hans Georg. „Im Sommer verbrachten sie viele Stunden dort oben. Als dein Papa Tennisspielen anfing, hat er viele Nachmittage sonntags mit seinen Freunden unterhalb des Berges gespielt. Der Tennisplatz lag nämlich genau unterhalb und dann kamen sie wie die hungrigen Wölfe hinauf und Oma Rasch hat herrlichen Kuchen gebacken. Als dein Vater ein junger Mann war, da ist dort oben so manches Garten- und Geburtstagsfest gefeiert worden."

Langeweile kennt Max nicht. In den Ferien unternimmt er mit Freunden ausgedehnte Radtouren quer durch Deutschland. Übernachtet wird in Zelten. Über seine Geldausgaben führt er Buch. Zu 49,85 Reichsmark, die bei einer dreiwöchigen Sommerfahrt 1933 draufgehen, vermerkt er: „Das ist viel, und ich kann es mir leisten, weil mein Taschengeld immer großzügig vom Großvater aufgebessert wird und weil ich Nachhilfeunterricht gebe."

Pennälerleben

Max ist ein guter Schüler. Klassenbeste ist zwar Erika, das einzige Mädchen unter acht männlichen Mitschülern, doch danach kommt gleich Max. Die frühen Abendstunden vertreiben sich die Schüler auf dem „Boulevard",

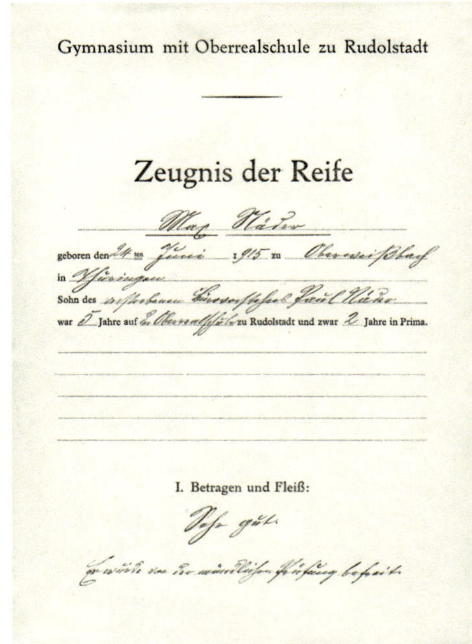

Gymnasium mit Oberrealschule zu Rudolstadt

Zeugnis der Reife

Max Näder

geboren den 24. Juni 1915 zu Oberweißbach

in Thüringen

Sohn des ...

war 5 Jahre auf d. Oberrealschule zu Rudolstadt und zwar 2 Jahre in Prima.

I. Betragen und Fleiß:

Sehr gut.

Max Näders Abiturzeugnis vom 21. Februar 1935 kann sich sehen lassen. Seine guten Noten bringen ihm eine Befreiung von der mündlichen Prüfung ein. Lediglich seine Handschrift ist mit „genügend" beurteilt.

Ein Kurs zum Bau von Segelflugzeugen kommt Max Näders technischem Interesse entgegen und ist ein Höhepunkt seiner Pennälerzeit.

Max Näder *(2. v. r.)* mit Schulkameraden in Rudolstadt.

der Unteren Marktstraße in Rudolstadt. Hier promenieren auch die Schülerinnen des Lyceums entlang, was die Sache besonders interessant macht.

Weil Mädchen generell in der Überzahl sind, macht Max zweimal Tanzstunde, einmal regulär und einmal als Aushilfstänzer. Seine zweite Tanzstundendame ist die Fabrikantentochter Ursula Bock aus Königsee, seine spätere Schwägerin.

Klavierstunden, mit Elan in der fünften Klasse begonnen, gibt Max als Zwölftklässler auf. Er findet es lästig, sich gleich samstags aus Rudolstadt kommend bei der Klavierlehrerin Wanda Ludwig einzufinden. Außerdem ist spätestens mit der Tanzstunde dem Pianisten Max die klassische Klavierliteratur zu langweilig. Schlager und Dixieland sind angesagt. „Es wird alles verjazzt, bis hin zum Volkslied. Wir haben ausgesprochene Krachmusik gemacht."

Mit seinem Freund Heini Henkel macht er sich einen Spaß daraus, durchs offene Fenster quer über die Schwarzburger Straße das brillante Klavierspiel Ilse Bocks von Gegenüber mit Schlagern zu beantworten.

Auf Klassenfahrten ist der gesellige Max immer mittendrin, oft auch gern neben Erika. Städte wie Bamberg oder Hamburg werden angesteuert. Unmengen Fotos von Schiffen und maritimer Technik wandern nach dem Besuch des Hamburger Hafens in sein Fotoalbum.

Angetan hat es ihm außerdem die Segelfliegerei, angefacht durch den Werkunterricht der zwölften Klasse. Die Schüler bauen eigene Segelflugmodelle, die sogar bei Wettbewerben erfolgreich abschneiden. Auch am Bau eines Schul-Gleiters Typ Harz 33 der Segelfluggruppe Rudolstadt sind sie beteiligt und dürfen im Frühjahr 1934 auf einem Gelände bei Rudolstadt tatsächlich auf ihm schulen. Max bedauert, dass mit dem Ende seiner Schulzeit die Segelfliegerei zu Ende geht.

Lorbeerbekränzt ziehen Max und seine Schulfreunde im Frühjahr 1935 durch Rudolstadt; so feiern die Oberprimaner traditionsgemäß den Abschluss ihrer Pennälerzeit. Beim Abitur wird Max aufgrund seiner Leistungen von der mündlichen Prüfung befreit. Sein bestes Fach, „Leibesübungen", ist mit „Sehr gut" bewertet, ebenso „Betragen und Fleiß". In allen übrigen Fächern schneidet er mit „Gut" ab. Einziger Ausreißer ist ein „Genügend" im Schönschreiben.

Max Näder als jugendlicher Charmeur mit Erika, dem einzigen Mädchen in der Jungenklasse.

Die beste Entscheidung meines Lebens

Maria Hauff

Maschinenbaustudium in Berlin und praktische Ausbildung zum Orthopädiemechaniker in Königsee — so sieht die perfekte Weichenstellung für Max Näders berufliche und private Zukunft aus. Es ist zugleich die erste Begegnung mit dem Begründer der Orthopädischen Industrie Otto Bock, der einmal sein Schwiegervater sein wird.

Den richtigen Lehrherrn gefunden

Mit dem Abitur in der Tasche steht Max Näder vor seinem nächsten Lebensabschnitt. Wehrdienst oder Berufsleben? Die Wahl fällt auf Letzteres. Dem vielseitig interessierten jungen Mann, gleichermaßen musisch, sportlich und technisch begabt, stehen viele Wege offen. Doch der Zwanzigjährige hat sein Ziel schon fest vor Augen: die Richtung Technik, Flugzeugbau-Maschinenbau soll es sein. Der Segelflugkurs an der Schule ist nicht ganz unschuldig an dieser Entscheidung.

Für die Zulassung zum Maschinenbaustudium an der Technischen Universität Berlin-Charlottenburg braucht Max zunächst ein Praktikum. Die Suche nach einem geeigneten Betrieb wird nicht schwierig. Denn was liegt näher für einen Königseer, als sich bei der Orthopädischen Industrie Königsee zu melden? Die O.I. liegt nicht nur vor der Haustür – praktischerweise sind es nur ein paar Gehminuten vom Näderschen Haus bis zum Fabrikgebäude in der Bahnhofstraße –, sondern das Unternehmen genießt auch einen exzellenten Ruf. Fabrikdirektor Otto Bock, der das Unternehmen 1919 in Berlin mit Gleichgesinnten aufgebaut hat, ist ein Unternehmer mit Biss. Die serielle Herstellung normierter Prothesenteile ist sein Verdienst – eine wahre Revolution auf dem Gebiet der Orthopädietechnik. Seine Geschäftsbeziehungen reichen bereits in alle Kontinente; in

Links: Fabrikdirektor und späterer Schwiegervater Otto Bock, 1936.
Oben: 1935 steht Max Näder am Beginn seiner beruflichen Laufbahn. Eine Ausbildung in der Orthopädischen Industrie Otto Bock erweist sich als lebensentscheidend.

Deutschland gehört er zu den Besten der Branche und ist auf dem Weg zum Marktführer.

Hier klopft Max Näder im Frühjahr 1935 an, es ist ein Freitag nach Feierabend. „Ich erhalte bei meinem Besuch in seinem Büro prompt eine Zusage", erinnert er sich später. „Auf meine bescheidene Frage, wann ich anfangen dürfe - ich werde das nie vergessen - sagte mir Herr Bock: Pünktlich morgen früh um sieben Uhr. Das ist so deutlich, dass ich gar nicht wage, nochmal zu fragen, ob das stimme - morgen früh, Sonnabend, um 7.00. Dabei waren doch unsere diversen Abiturfeiern erst zum Teil über die Bühne gegangen. Gefallen hat mir das gar nicht, aber ich bin da - pünktlich, wie sich das gehört."

Otto Bock nimmt sich seines Praktikanten besonders an. In einem ausführlichen Gespräch schlägt er ihm vor, doch auch gleich eine Lehre zum Orthopädiemechaniker zu absolvieren. Einen solchen Beruf könne man immer gebrauchen. Denn man wisse nie, welche Zeiten noch kommen würden. In diesem Moment trifft Max Näder die Entscheidung seines Lebens. Er nimmt den Ratschlag an und ist Otto Bock, seinem späteren Schwiegervater, ewig dafür dankbar.

Die Orthopädische Industrie, 1919 in Berlin gegründet, hat sich noch im selben Jahr in einer stillgelegten Porzellanfabrik in Königsee angesiedelt. Hier die Rückansicht des Hauptgebäudes in der Bahnhofstraße 3.

Die Kombination von Praktikum und Lehre ist ein Novum. Vom Berufsschulunterricht ist Max befreit und gewinnt dadurch noch Luft, auch eine kaufmännische Ausbildung bei Otto Bock zu durchlaufen. Der Wechsel zwischen Betrieb und Büro ist anstrengend, funktioniert jedoch schon bald nach einem gewissen Rhythmus: „Morgens um 7.00 erscheine ich im Blaumann in der Schmiede – Frühstückspause – Umziehen – um 9.30 im Büro. Mittagspause ist von 12.00 bis 13.00, für den Nachmittag geht es wechselweise Betrieb – Büro bis 17.00 oder auch 18.00 weiter."

Manchmal bekommt Max bevorzugte Aufgaben übertragen, z.B. die Bearbeitung von Reklamationsfällen, wofür ihm ein besonderes Lob des Chefs sicher ist. Auch das Einfahren einer Kopierfräsmaschine, wobei Einstellmarkierungen und Bedienungsanweisungen nach Versuchen festzulegen sind, ist ein solcher Sonderauftrag und dazu noch „eine schöne Arbeit für einen Studenten im ersten Semester", wie er selbst findet.

„Als Belohnung und Ansporn darf ich zum Orthopäden-Kongress zusammen mit Chef und Gattin im neuen, grünen Wanderer-Coupé nach Würzburg fahren."

Otto Bock schreibt in einer Beurteilung: „Max Näder war einige Jahre in meinem Betrieb als Lehrling und Praktikant tätig. Er hat sich durch schnelle Auffassungsgabe, Fleiß und Zuverlässigkeit bewährt. Ich konnte ihm sehr frühzeitig eine verantwortliche, selbständige Aufgabe übertragen, die er in jeder Weise erfüllt hat. Näder ist imstande, sich [in einer Belegschaft] durchzusetzen und er wird das gesteckte Ziel mit Überlegung intensiv verfolgen." Aus heutiger Perspektive gehört diese Belobigung zu den archivalischen Schätzen der Firmenüberlieferung – weiß doch der Lehrherr zum damaligen Zeitpunkt nicht, dass es wenig später sein Nachfolger sein wird, dem er diese Qualitäten zuschreibt.

Unter NS-Diktat

Max Näder tritt zu einem Zeitpunkt in die Firma ein, als die 1933 begonnene Naziherrschaft der Arbeitswelt mehr und mehr ihren diktatorischen Stempel aufdrückt. Dem kann sich in diesen Jahren auch die O.I. nicht entziehen. 1934 zementieren die Nationalsozialisten ihren „Führer-Grundsatz" in Körperschaften, Verbänden und Betrieben. Seitdem führt Otto Bock den Titel „Führer der Wirtschaft"; seine Belegschaft ist in „Gefolgschaft" umgetauft. „Heil Hitler" steht jetzt unter jedem Brief. Max bekommt schon in den ersten Monaten seiner Lehrlingszeit den neuen Wind zu spüren, als er sich an der Kundgebung zum 1. Mai beteiligen muss, die für alle Betriebsangehörige

Maria Bock, spätere Ehefrau, ist noch ein Teenager mit langen Zöpfen. Das Urlaubsfoto von 1937 zeigt sie mit ihrer Mutter Marie, ihrer Schwester Ursula und ihrem Vater Otto Bock im Ostseebad Kühlungsborn.

1935 beteiligt sich die Belegschaft der Orthopädischen Industrie an der Kundgebung zum 1. Mai. Auf ihrem Transparent das Firmenlogo, der O.I.-Stern. Vorn Max Näder, hinter dem Fahnenträger sein Chef Otto Bock.

…sellen-Prüfungs-Zeugnis

Der Lehrling Max Näder

geboren am 24. Juni 1915 zu Oberweissbach

hat am 30. März 1937 vor dem unterzeichneten Ausschuß die

gesetzliche Gesellenprüfung

für das Orthopädie-Mechaniker-Handwerk

mit Erfolg abgelegt.

Jena, den 30. März 1937

Der Gesellenprüfungsausschuß

Orthopädie-Mechaniker-Handwerk

Vorsitzender

Beisitzer

Beisitzer

1. 36. 2500. M.

Im März 1937 besteht Max Näder die Gesellenprüfung zum Orthopädiemechaniker. Im Jahr darauf verlässt er die O.I. außerdem als gelernter Industriekaufmann.

laut Zwangsanordung des Regimes verpflichtend ist.

Am 2. Mai 1935 schmückt eine Blumengirlande Otto Bocks Schreibtisch. Gefeiert wird das Direktorat des Chefs, der von nun an alleiniger Inhaber der Firma ist. Vorausgegangen war im April 1935 die Umwandlung der O.I. GmbH Königsee in ein Einzelkaufmann-Unternehmen. Daraus geht Otto Bock, seit 1923 Geschäftsführer der Firma, mit gestärkter Autorität hervor. Obwohl im Betrieb schon längst als Direktor tituliert, erwirbt er jetzt offiziell diese Bezeichnung. Die Firma erhält seinen Namenszusatz „Orthopädische Industrie Otto Bock in Königsee".

Im Frühjahr 1937 besteht Max Näder die Gesellenprüfung als Orthopädiemechaniker, im Jahr darauf schließt er seine Kaufmannslehre ab. Das nächste Uni-Semester wartet, doch aus dem Studentenleben wird nichts. Allen Rückstellungsersuchen zum Trotz wird Max zum Reichsarbeitsdienst und im November 1938 zum Wehrdienst gezogen.

1942 auf der Gartentreppe der Direktorenvilla in Königsee: Max Näder mit seiner Verlobten Maria Bock, seinem Schwiegervater Otto Bock, einem kleinen Jungen auf Besuch und der Foxterrierdame Peppi.

Kriegszeit – Licht und Schatten

Maria Hauff

Urlaub vom Krieg: Max und Maria Näder unternehmen auf ihrer Hochzeitsreise nach Berchtesgaden 1943 eine Bergtour.

Der Zweite Weltkrieg (1939-1945) fordert dem Soldaten Max Näder Einsätze quer durch Europa und in Afrika ab. Ein Fronturlaub im Sommer 1943 muss reichen, um seine Verlobte Maria Bock zu heiraten. Nach dem Krieg wird das zerbombte Hamburg ein kurzfristiges Zuhause. Hier ist das Wiedersehen mit Maria verabredet.

Soldat auf Freiersfüßen – Max und Maria

Mit Max Näders Einzug in die Kaserne Stahnsdorf bei Berlin im November 1938 beginnen sieben lange Soldatenjahre u.a. in Nordafrika, wo er am Afrikafeldzug unter Generalfeldmarschall Rommel teilnimmt (1941–1943). Einzige Lichtblicke des Soldatenlebens sind die Heimatur-

Mit Kriegskameraden in Nordafrika, wo Max Näder von 1941 bis 1943 am Afrikafeldzug unter Rommel teilnimmt.

laube. Beim Auftanken in Königsee schaut Max auch gern einmal in seinem alten Ausbildungsbetrieb vorbei. Es ist im Frühjahr 1942, als sein Blick auf eine junge Dame fällt, die er Jahre zuvor wohl als kleines Mädchen mit langen Zöpfen wahrgenommen, aber kaum näher registriert hat. Wer das denn sei, erkundigt er sich und erfährt, dass es sich um Otto Bocks zweite Tochter Maria handele.

Maria Bock, geboren am 8. Februar 1922, steht kurz vor dem Abschluss ihrer kaufmännischen Lehre im väterlichen Betrieb. Als Absolventin einer höheren Mädchenschule der Hoffbauer-Stiftung in Potsdam-Hermannswerder (1934–1939) hat sie eine Eliteausbildung genossen, die noch von alten preußischen Tugenden geprägt war. Ihr Zuhause in der Direktorenvilla auf dem Betriebsgelände der O.I. bietet ihr den gehobenen Lebensstandard einer wohlhabenden Fabrikantenfamilie – Kindermädchen, Köchin, Waschfrau und Chauffeur inklusive. Maria und ihre ältere Schwester Ursula (geboren am 18. Dezember 1917) sind von klein auf daran gewöhnt, in das Familienunternehmen integriert zu sein. Bei jedem Gruppenbild der Königseer Orthopädiefachkurse posieren sie mit. Ihren Vater erleben sie als strengen Firmen- und Familienpatriarchen, der kaum Zeit für Privates hat, es sei denn, der Horch wird aus der Garage geholt und es geht auf Reisen, vorzugsweise nach Berlin, an die Ostsee oderin die Berge bei Berchtesgaden und Kufstein.

„Lt. [Leutnant] Näder ist frei von ansteckenden Krankheiten und Ungeziefer", bescheinigt der Kriegsurlaubsschein vom 15. März 1942. Max Näder nutzt den zweimonatigen Aufenthalt zu Hause in Königsee, um sich mit Maria Bock heimlich zu verloben.

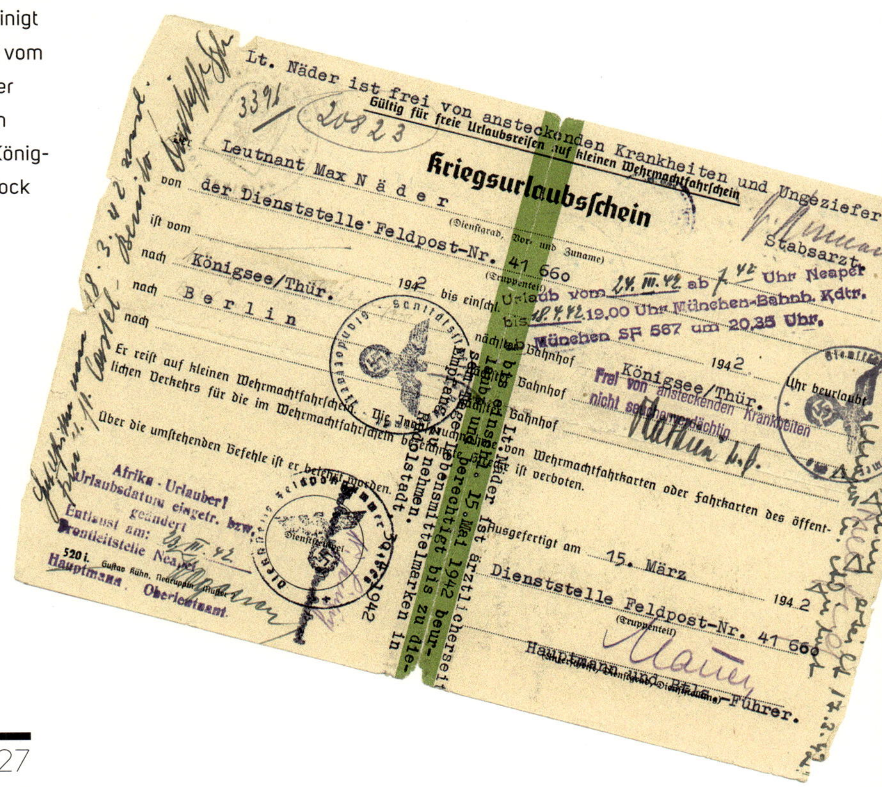

Lt. Näder ist frei von ansteckenden Krankheiten und Ungeziefer.
Stabsarzt.

Gültig für freie Urlaubsreisen auf kleinen Wehrmachtfahrschein

Kriegsurlaubsschein

Leutnant Max Näder
von der Dienststelle Feldpost-Nr. 41 660
ist vom ... 1942 bis einschl. ...
nach Königsee/Thür.
nach Berlin
nach

Er reist auf kleinen Wehrmachtfahrschein ...
Über die umstehenden Befehle ist er belehrt worden.

Afrika-Urlauber!

Ausgefertigt am 15. März 1942
Dienststelle Feldpost-Nr. 41 660
Hauptmann und Kp.-Führer.

Als Max in besagtem Frühjahr 1942 in der Firma auftaucht, ist Maria 20 und hat auch schon ein Auge auf den jungen Kriegsurlauber geworfen. Im Eingang der O.I. läuft er ihr über den Weg: „Da kam er. Er hat ja so einen durchdringenden Blick. Hat mich aufs Korn genommen und ich habe mit Schrecken in dem Moment gesehen, dass ich eine Laufmasche hatte!"

Die zeitlichen Umstände lassen den Verliebten nicht viel Zeit. „Wir haben ja Krieg gehabt und da ging alles im Schnelltempo", erklärt Maria ihre spontane, heimliche Verlobung vom 9. Juli 1942; die offizielle Verlobung wird am 11. Oktober nachgeholt. „Max, noch etwas konservativ und geprägt von der Kaiserzeit, ist ganz offiziell mit einem Blumenstrauß zu meinem Vater gekommen und hat um meine Hand angehalten. Ich war bei meiner Mutter in der Küche und hab Klöße gemacht. Meine Mutter hat an der Tür gelauscht; ich habe gezittert und gebebt, bis der Vater in die Küche kam und sagte: Dann kommt ihr beiden doch mal rein."

Maria auf dem Untersberg in den Berchtesgadener Alpen im September 1943. „Ich habe immer schon für die Berge geschwärmt." *Rechts:* „Ja, und nun mein Verlobter", schreibt sie 1942 an ihre Freundinnen. „27 Jahre, dunkel mit einer weißen Strähne mittendurch. Die stammt noch aus dem Polenfeldzug."

Hochzeit mit Hindernissen

Den Verlobten bleiben nur kurze Begegnungen; in ihren Trennungszeiten schicken sie Briefe hin und her. Berge von Feldpost füllen Marias Kommode.

Die Hochzeit ist für Anfang August 1943 geplant. Die Vorbereitungen verlaufen chaotisch, wie in Marias Aufzeichnungen nachzulesen ist. Die erste Gans war schon gerupft, als ein Telegramm aus Süditalien eintrifft: „Bin verlegt worden." Also wird die Feier abgeblasen. Eine Woche später kündigt sich Max für den kommenden Sonntag an. Die Hochzeitsaktivitäten werden wieder aufgenommen, doch zwei Tage vor dem Termin erneut abgebremst durch die Nachricht: „Urlaubsstopp!"

Schließlich kann am 27. August gefeiert werden. Wegen eines Fliegeralarms verbringt das Paar allerdings

die Hochzeitsnacht im Keller. Max wird noch ein vierzehntägiger Hochzeitsurlaub zugestanden. Nach unbeschwerten Flitterwochen in Berchtesgaden muss er zurück an die Front.

Nach einer Verletzung vor Monte Cassino 1944 landet er im Lazarett in Bad Wörishofen, dann in Bad Aibling. Anschließend wird er in der Genesenden-Kompanie Berlin Schlachtensee Offizier v. D. und betreut Verwundete im Oskar-Helene-Heim. „Angenehmer war da schon meine zweite Aufgabe. Dazu gehörte, die Küche zu inspizieren und das Essen zu verkosten". Als noch verwendungsfähiger Soldat bekommt er im Herbst 1944 den Marschbefehl nach Dänemark. Letzte Station ist das Entlassungslager Bad Segeberg in Schleswig-Holstein. Hier kehrt er „nach ärztlicher Untersuchung und anschließender gründlicher Entlausung" dem Soldatenleben am 9. August 1945 für immer den Rücken.

Warten auf Maria

Wohin nach dem Krieg? Nach Beschluss der Alliierten-Konferenz von Jalta im Februar 1945 ist Deutschland in vier Besatzungszonen aufgeteilt. Ins russisch besetzte Königsee solle Max auf keinen Fall zurückkommen, warnt Maria brieflich. Vielmehr solle Hamburg in der englischen Zone Anlaufpunkt der Familie sein, wie es mit Max bei seinem Heimaturlaub 1944 schon verabredet war.

In Hamburg hat Otto Bock 1942 für seinen Sohn Georg aus erster Ehe das Sanitätshaus Schaarschmidt erworben. Doch schon beim großen Luftangriff auf Hamburg im Juli 1943 wird der Betrieb völlig zerstört. Georg Bock weicht auf das Altonaer Finanzamt, Alsenstraße 2, aus. Es ist zwar ebenfalls ausgebombt, doch in die noch nutzbaren Kellerräume hat Otto Bock seinem Sohn eine funktionstüchtige Orthopädiewerkstatt hineinstellen lassen. Ein Kellerfenster dient als Eingang.

Max Näder erreicht diese Zieladresse in der großen Hoffnung, Maria schon bei seiner Ankunft wiederzusehen. Entsprechend groß die Enttäuschung, als er sich in einem notdürftig eingerichteten Nachtquartier unter dem Schuttberg des Finanzamtes doch noch auf

Am 27. August 1943 wird in Königsee Hochzeit gefeiert. Bräutigam Max Näder kommt auf Fronturlaub aus Süditalien.

eine unbestimmte Wartezeit einrichten muss. Andererseits ist er unendlich froh, bei seinem Schwager und dessen Frau Irmgard untergekommen und versorgt zu sein.

Für die notwendigen Überlebensstrategien erweist es sich jetzt als vorteilhaft, dass in seinen Entlassungspapieren nicht einfach Stud. Ing., sondern Orthopädiemechaniker steht, ein priorisierter Mangelberuf. „Mit der Arbeitsbestätigung als Orthopädiemechaniker bei der Fa. Schaarschmidt & Bock [...] erhalte ich die Zuzugsgenehmigung nach Hamburg, damit verbunden die Arbeitserlaubnis und – was vielleicht das Wichtigste ist: Lebensmittelkarten."

Im September kann Max Näder die Notunterkunft in der Alsenstraße verlassen und bei einem Ehepaar in der Oelckersallee 23 in das möblierte Zimmer des gefallenen Sohnes einziehen. Im Oktober macht sich Maria auf eine abenteuerliche Reise, schwarz über die Grenze.

„Mein Vater", so schreibt sie in ihren Erinnerungen, „wollte, dass ich in Königsee bleibe. Letztlich aber schickte er mich, mit unserem Prokuristen zum Schutz, auf die Reise. Für die russischen Grenzsoldaten nahmen wir diverse Armbanduhren und Schnaps mit zum Tausch gegen gefälschte Passierscheine. In meinem Rucksack hatte ich, außer einem Zivilanzug für meinen Mann, nicht viel mit. An der Grenze mussten wir mit Hunderten von Leuten in einem kleinen Dorf warten.

Endlich fanden wir einen Russen, der auf der Kommandantur Passierschein-Formulare und den Stempel zur Genehmigung geklaut hatte und damit einen schwunghaften Handel betrieb. Wir bekamen auf Herrn und Frau „so und so", wohnhaft in Düsseldorf, ausgestellte Passierscheine und konnten damit die Grenze überschreiten. Vor Angst halb tot tappte ich hinter Herrn Möller her, dem es auch nicht viel besser ging. Wir übernachteten glücklich in Eschwege bei einem Kunden unserer Firma und fuhren dann am anderen Tag in einem der völlig überfüllten Züge nach Hamburg.

Die Frauen wurden in den Zug hineingepresst, die Männer saßen auf den Dächern oder hingen an den Trittbrettern. Oft mussten wir aussteigen, um kaputte Brücken zu umgehen. Oft dauerte es dann lange, bis sich eine neue Möglichkeit zur Weiterfahrt bot.

Ich war damals 23 Jahre alt und mir machten die ganzen Strapazen und Abenteuer letztlich nichts aus. Alle, die damals den Krieg überstanden hatten, waren dankbar und glücklich und sie waren voller Mut zu einem neuen Anfang."

Obwohl Max jeden Tag mit Marias Ankunft rechnet, ist es doch eine „Riesenüberraschung", als am 26. Okto-

Gipfelstürmer 1958. Maria und Max auf dem Untersberg – auch 15 Jahre nach den Flitterwochen noch ein Lieblingsziel.

Max Näders erster Weg aus dem Zweiten Weltkrieg zurück ins zivile Leben führt ins zerstörte Altona. Die Bombardierung im Juli 1943 hat eine Trümmerlandschaft hinterlassen, wie der Blick in die Kirchenstraße zeigt.

» Die Unterkunft im ausgebombten Finanzamt war dramatisch, romantisch, kriminell fast. «

Max Näder

ber plötzlich jemand versucht, über die zwei Kisten hinabzusteigen, die im Fensterschacht des Finanzamtkellers aufgestellt sind. „Das Fenster ist geschlossen und infolge der Dämmerung können wir zunächst noch nicht ausmachen, wer da zu Besuch kommt. Da hören wir aber auch schon die Stimmen von meiner Frau und die von Herrn Möller. Groß ist die Freude! Die erste Nacht übernachten wir hier im Keller. Der Regen von vorgestern sickert wieder durch den Schutt da oben und kommt in Tropfen von der Decke."

Unternehmerische Pläne

Es ist ein Trümmer- und Ruinenleben, doch auch der Zeitpunkt, um Pläne zu schmieden. Die Zukunft beginnt jetzt.

Von Möller erfährt Max Näder, dass die O.I. in Königsee dringend Material aus der britischen Zone benötigt. Das gilt z. B. für Schmiedestahl zur Herstellung von Prothesenschienen und -gelenken, der nur im Westen zu bekommen ist. Ein Tauschhandel wäre die Lösung: Fertigprodukte aus Königsee gegen Rohstoffe im Westen. Damit könnte die prothetische Versorgungslage in der britischen Zone verbessert werden, denn seit Königsee russisch besetzt ist, gehen die O.I.-Produkte fast ausschließlich an Russland.

Otto Bock kann im Dezember 1945 bei der Sowjetischen Militäradministration die Erlaubnis für diese Kompensationsgeschäfte einholen.

Als nächster Schritt muss für das Vorhaben Lagerungsraum aufgetan werden, möglichst in der Nähe von Thüringen. Als Otto Bock ausrichten lässt, dass er Max diese Aufgabe übertragen möchte, rennt er damit offene Türen ein: „Nur zu gern beantworte ich diese Anfrage positiv." Gleichzeitig kann sich Max schon sehr gut vorstellen, auch eine eigene Fertigung von Prothesen-Passteilen im Westen aufzubauen: „Bei meiner Tätigkeit im Betrieb von Georg, wo ich mich nun in die Herstellung von Unterschenkel-Prothesen einarbeite, ist mir der Gedanke gekommen, die so dringend benötigten Passteile, das sind Bauteile für eine Prothese, selbst herzustellen. Ich habe schon damit angefangen, einfache Kunstfüße rein handwerklich anzufertigen.

Warum soll es mit Hilfe von Königsee nicht möglich sein, daraus eine Herstellung in größerem Umfang weiterzuentwickeln? Diesen Gedanken bei seiner Rückkehr nach Königsee mit Otto Bock einmal anzusprechen, habe ich Herrn Möller gebeten. Dieses Vorhaben einer Fertigung läßt mich seitdem nicht mehr los."

Erfolgreicher Familienunternehmer

1946–1969
Aufbaujahre Duderstadt,
USA-Reise, stolzer Vater

Versuchen Sie's in Duderstadt

Maria Hauff

Nach der Enteignung der Orthopädischen Industrie Otto Bock in Königsee 1948 muss sich die Kundschaft umorientieren. Jetzt ist Duderstadt in der Westzone das Ziel. Hier eine Wegbeschreibung aus dem Produktkatalog, 1955.

Neuland in Sicht

Einen Ost-West-Tauschhandel in der britischen Zone zu organisieren – dieser erste konkrete Auftrag aus Königsee spornt Max Näder an, für sich und Maria aus der Hamburger Trümmerwüste heraus einen Zukunftsweg zu finden. Hoch motiviert wendet er sich an das Wirtschaftsamt in Altona. Von Dienststelle zu Dienststelle weitergereicht muss er schließlich einsehen, dass man in Hamburg nicht an seiner Geschäftsidee, einem Kompensationshandel mit der russischen Zone, interessiert ist.

Die Standortsuche für das abgesprochene Interzonenprojekt führt Max Näder daraufhin nach Göttingen. „Gar nicht schlecht", denkt er sich. „Nähe Zonengrenze, Eisenbahn, Mitte zwischen Nord und Süd, Ost und West. Besonders meine Frau ist damit ganz und gar einverstanden, dadurch wieder etwas näher an die Heimat heranzukommen."

Am 10. November 1945 sitzt Max Näder im Büro des Göttinger Landrats Dr. Solf. Er befürchtet, in seinem Aufzug – umgefärbte Uniform, Hose in den Stiefeln, Kradmantel – nicht gerade seriös zu wirken. Dass der Landrat ihn abweist, hat jedoch andere Gründe: Göttingen sei mit Flüchtlingen völlig überbelegt und als Universitätsstadt in erster Linie bemüht, wissenschaftlich orientierte Unternehmen zu etablieren. Er solle es in Duderstadt versuchen, dort gebe es einen stillgelegten Rüstungsbetrieb. „Ich habe den Eindruck, dass er froh ist, mich loszuwerden", beschreibt Näder den Ausgang dieses Gesprächs.

Max Näders erstes Eintreffen in Duderstadt auf einem geliehenen Fahrrad am 11. November 1945 wird zu einem legendären Moment der Firmengeschichte: „Es ist nasskalt und leichter Schneefall hat sich eingestellt. Es ist glatt, als ich, mein

DER WEG NACH DUDERSTADT

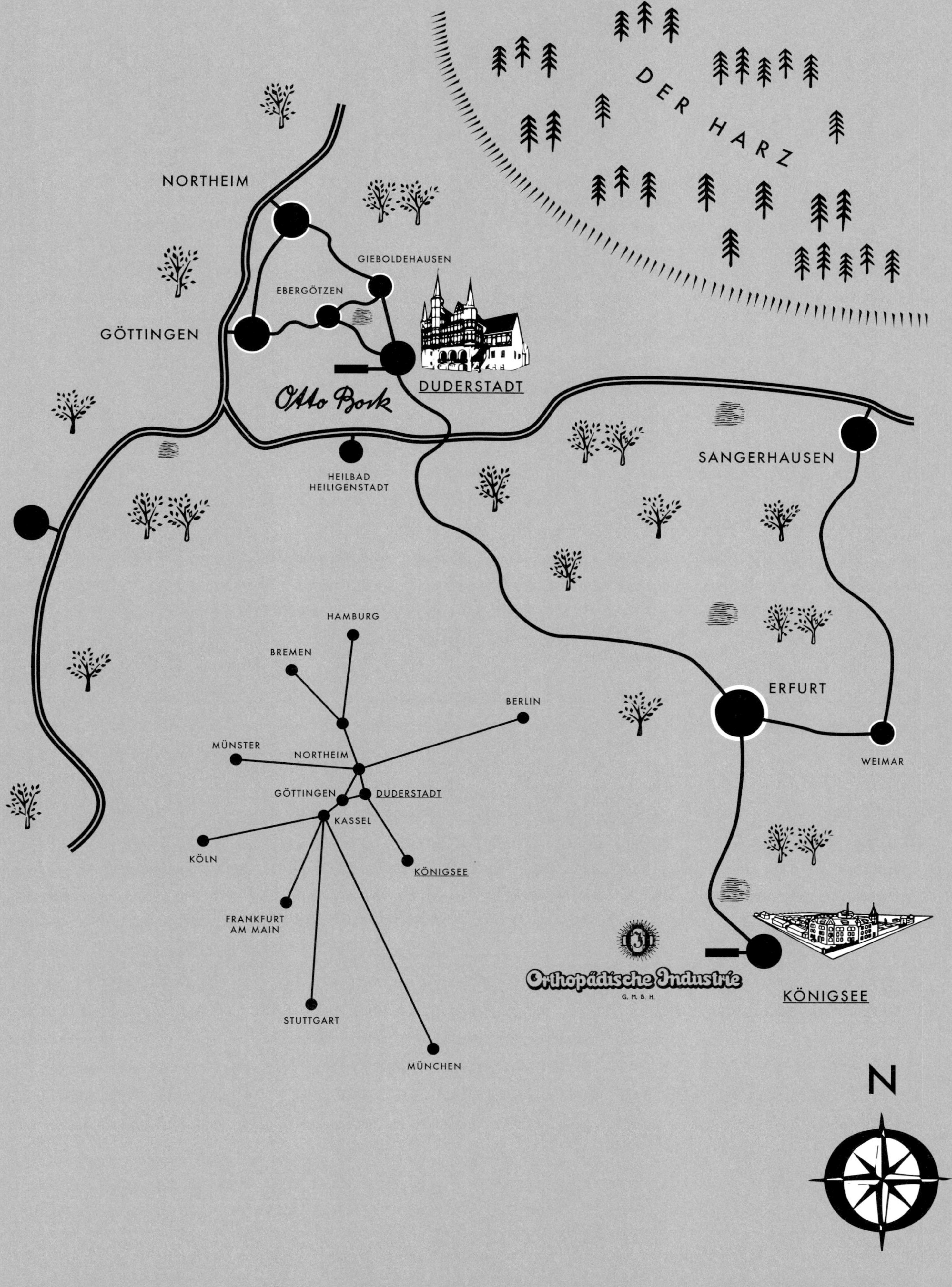

Warenumschlagplatz Duderstadt: In der Marktstraße 71, direkt gegenüber dem Duderstädter Rathaus, eröffnet Max Näder 1946 die Zweigstelle Nord der Orthopädischen Industrie Königsee. Von hier aus beliefert er die Stammfirma mit Rohstoffen und erhält im Gegenzug fertige orthopädische Produkte.

Fahrrad schiebend, durch das Westertor gehe. Komme weiter in die Marktstraße und sehe gleich auf der linken Seite das Ladenschild: Orthopädische Werkstätte Ernst Rohde. Hat mich ein Schutzengel hierher geführt?" Ernst Rohde hat gute Beziehungen und hilft Max Näder bei der Suche nach geeigneten Räumen. Lagerräume sind schnell gefunden. In der Marktstraße 71, direkt gegenüber dem Rathaus, steht ein großer Verkaufsraum des ehemaligen Textilgeschäfts Von Wehren leer. Die gute Neuigkeit wird schnell nach Hamburg telegrafiert. „Meine Frau ist begeistert wie immer, wenn Neuland in Sicht ist."

» Nach dem Krieg steht alles auf Anfang. Aus dem Nichts baut Max Näder in Duderstadt ein neues Unternehmen auf, während Otto Bock in Königsee gegen seine Enteignung kämpft. Produktionsstandort und neuer Lebensmittelpunkt der Familie wird die Industriehalle einer ehemaligen Munitionsfabrik. «

Während Max Näder sich noch um die Zuzugsgenehmigungen nach Duderstadt kümmert, kommt im Januar 1946 die sehnlichst erwartete Bescheinigung von Otto Bock, die Max als Legitimation für all seine Unternehmungen braucht: „Mein Handlungsbevollmächtigter und Schwiegersohn Max Näder, Hamburg-Altona, ist als mein Angestellter beschäftigt und mit der Aufgabe betraut, die geschäftlichen Belange der Firma in der britischen, amerikanischen und französischen Zone bei Behörden, Lieferanten und Abnehmern wahrzunehmen. Er hat das Recht, Willensäußerungen der Firma rechtsgültig zu unterschreiben."

Am 18. Februar packen Max und Maria Näder ihre gesamte Habe in einen Rucksack und verlassen Hamburg. In Duderstadt beziehen sie zunächst ein provisorisches Domizil in der Jüdenstraße 22 über der Gastwirtschaft Haase. Trotz katastrophaler Wohnungslage durch die massenhaft zugezogenen Flüchtlinge können sie bereits nach zwei Tagen in eine größere Wohnung in der Göttinger Straße 26 umziehen. Glücklich über diese Verbesserung schreibt Maria an ihre Freundinnen: „Mein Mann hatte seine ersten Kontakte zur Volksbank geknüpft, und Bankdirektor Ottemann quartierte uns in

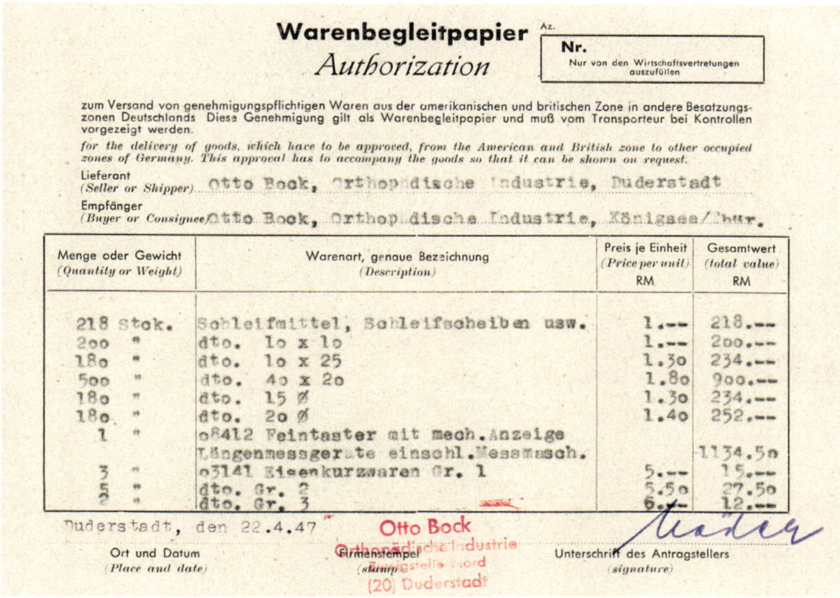

Warenbegleitpapier Az. Nr. Nur von den Wirtschaftsvertretungen auszufüllen

Authorization

zum Versand von genehmigungspflichtigen Waren aus der amerikanischen und britischen Zone in andere Besatzungszonen Deutschlands Diese Genehmigung gilt als Warenbegleitpapier und muß vom Transporteur bei Kontrollen vorgezeigt werden.

for the delivery of goods, which have to be approved, from the American and British zone to other occupied zones of Germany. This approval has to accompany the goods so that it can be shown on request.

Lieferant (*Seller or Shipper*) Otto Bock, Orthopädische Industrie, Duderstadt

Empfänger (*Buyer or Consignee*) Otto Bock, Orthopädische Industrie, Königsee/Thür.

Menge oder Gewicht (*Quantity or Weight*)	Warenart, genaue Bezeichnung (*Description*)	Preis je Einheit (*Price per unit*) RM	Gesamtwert (*total value*) RM
218 Stck.	Schleifmittel, Schleifscheiben usw.	1.--	218.--
2oo "	dto. 1o x 1o	1.--	2oo.--
18o "	dto. 1o x 25	1.3o	234.--
5oo "	dto. 4o x 2o	1.8o	9oo.--
18o "	dto. 15 Ø	1.3o	234.--
18o "	dto. 2o Ø	1.4o	252.--
1 "	o8412 Feintaster mit mech. Anzeige Längenmessgeräte einschl. Messmasch.		1134.5o
3 "	o3141 Eisenkurzwaren Gr. 1	5.--	15.--
5 "	dto. Gr. 2	5.5o	27.5o
2 "	dto. Gr. 3	6.--	12.--

Duderstadt, den 22.4.47
Ort und Datum (*Place and date*)

Otto Bock Orthopädische Industrie Zweigstelle Nord (20) Duderstadt
Firmenstempel (*stamp*)

Näder
Unterschrift des Antragstellers (*signature*)

Die anfänglich formlosen Interzonen-Formalitäten werden nach und nach durch Antrags- und Meldepflichten abgelöst. Für den Warenaustausch mit Königsee muss Näder 1947 Warenbegleitpapiere ausfüllen.

„Nach dem bösen Krankheitswinter 1946/47 ziemlich angeschlagen," notiert Maria Näder zu diesem Bild, das vor dem Haus Göttinger Straße 26 entstanden ist.

seinem Haus ein, zwar unter dem Dach, wo es so bitter kalt wurde, dass uns buchstäblich die Bettdecke am Kinn anfror. Aber wir hatten ein Wohnzimmer im Erdgeschoss. Nach und nach hatten wir dann einen Herd und einen alten Krankenhaus-Operationstisch. Eine einsame Glühbirne baumelte an der Decke."

Zweigstelle Nord

In der Marktstr. 71 eröffnet Max Näder im Februar 1946 seinen Lieferbetrieb, genannt „Otto Bock Orthopädische Industrie Königsee, Zweigstelle Nord" – eine „Zweigstelle West" existiert in Krefeld, eingerichtet durch einen ehemaligen O.I.-Prokuristen.

Das Ladenlokal im Parterre mit eingebauten Regalen eignet sich perfekt als Lager. Im ersten Stock steht noch ein gemütlicher Raum mit Kachelofen zur Verfügung, der als Büro fungiert. „Also, zu Hause wird man staunen, wie das hier vorankommt", freut sich Näder. „Schon in den nächsten Tagen kommt der Malermeister Oppermann aus der Obertorstraße, um die Wände der Schaufenster schön zu streichen mit weißer Kalkfarbe, denn etwas anderes gibt es ja nicht. An eine der Fensterscheiben malt er in feiner Kunstschrift: Otto Bock Zweigstelle Nord."

Dass es neben der Sorge um die tägliche Lebensmittelversorgung an allem fehlt, was man zu einer Betriebsausstattung braucht, macht die Anläufe schleppend. In Duderstadt etwas zu kaufen, ist aussichtslos. „Es gibt nichts, gar nichts, vom Bleistift angefangen bis zum Briefbogen", beklagt sich Max und schreibt an seinen Schwiegervater: „Für das Lager bräuchten wir als dringendste Einrichtung eine Schreibmaschine, die sonst in der britischen Zone ja nicht zu bekommen ist."

Tatsächlich kommt mit einer Warenlieferung aus Königsee eine Schreibmaschine mit, „aber leider keine übliche", wie Näder feststellt, „sondern eine ausrangierte Buchhaltungs-Breitwagen-Maschine. Wir finden nirgends Platz, um diesen Giganten so aufzustellen, dass meine Frau als meine erste Sekretärin daran arbeiten kann."

Bäckerei AUGUST ZIESING Konditorei
Nachfolger

Kurz vor Kriegsende in Duderstadt: Amerikanische Panzer auf der Marktstraße. Als sie am 9. April 1945 in die Stadt rollen, sorgt der deutsche Kampfkommandant Major Roman Link dafür, dass die Stadt sich kampflos ergibt. So bleibt Duderstadt von Zerstörungen verschont.

Interzonenhandel

Im Laufe des Jahres 1946 etabliert sich ein funktionierender Warenverkehr zwischen Duderstadt und Königsee. „Wir schickten ein Jahr lang Sendung nach Sendung", schreibt Maria in ihr Tagebuch, „zum großen Teil ohne ein Dokument oder sonstiges über die Zonengrenze und manchmal kamen uns doch Bedenken bei dem Gedanken an eine eventuelle Überprüfung. Aber wer wagt, gewinnt." Max Näders Mut, sich in einer Phase noch unausgereifter behördlicher Bestimmungen in einer Grauzone zu bewegen, macht ihn zu einem der Initiatoren des Interzonenhandels in Niedersachsen. „Manchmal fragten uns die Behörden, wie es geht."

Anfang 1947 werden gesetzliche Regelungen zum Interzonenhandel dann aber festgezurrt. Eine neue Verordnung über den Warenverkehr des Zentralamts für Wirtschaft in der britischen Zone verlangt jetzt ausführliche Warenbegleitpapiere, in denen jedes einzelne Versandstück ausgewiesen werden muss. Gleichzeitig muss eine Einfuhrgenehmigung der sowjetischen Militär-Administration beigefügt werden. Zudem sorgen verstärkte Grenzkontrollen dafür, den Schwarzhandel einzudämmen.

Munitionskisten

Lediglich als Lieferbetrieb zu arbeiten, reicht Max Näder nicht. Er verfolgt den ehrgeizigen Plan, auch eine eigene Fabrikation in Duderstadt anzusiedeln. Während er noch auf die Einwilligung seines Schwiegervaters wartet, schaut er sich schon einmal nach geeigneten Fabrikräumen um.

Nach dem Krieg im verlassenen Rüstungsbetrieb Polte stehen gebliebenen: Alte Munitionskisten, die Max Näder zu Lager- und Transportkisten umfunktioniert.

Auf dem Euzenberg nordwestlich Duderstadts gibt es 30 leerstehende Industriehallen, in denen der Magdeburger Rüstungsbetrieb Polte von 1941 bis 1945 Munition herstellte. Von einer Sprengung durch die britische Militärregierung sind die Hallen verschont geblieben; so können nun neue Betriebe darin angesiedelt werden. Bei einer Besichtigung der Anlagen mit dem ehemaligen Werksleiter des Polte-Werks Ziemann kann Max Näder Vorgespräche für eine eventuelle Nutzung führen.

Bei der Gelegenheit macht ihn Ziemann auf einen Stapel 150 alter Munitionskisten aufmerksam. „Keine gewöhnlichen Kisten, einfach nur zusammengenagelt, sondern aus sauber verschraubten, glatt gehobelten und ca. 1,20 m langen astfreien, mit Nut und Feder verleimten Brettern zusammengesetzt", erkennt Näders technischer Sachverstand. „Der Deckel mit Scharnieren versehen, also zum Zu- und Aufklappen, und an beiden Enden mit einer Trageschlaufe versehen. Ja, es sind alte Bekannte aus dem Krieg. Ich kaufe 20 Stück." Die Kisten kommen wie gerufen. Denn eine Lieferung mit 1.000 Schmiederohlingen aus dem Rheinland, verpackt in Weidenkörben, wartet auf ihren Weitertransport nach Königsee. In den Körben lässt sich diese tonnenschwere Fracht kaum bewegen und Näder hat sie erst einmal im Duderstädter Schlachthof gegenüber dem Bahnhof zwischengelagert. Mit den 20 gekauften Munitionskisten – zehn zum Versand der Schmiedeteile, zehn für sein Lager in der Marktstraße – bekommt er die logistischen Anforderungen in den Griff: „Es gibt für alles eine Lösung", kommentiert er seinen Coup.

Von 1947 bis 1965 ist die Fabrikation von Prothesen-Passteilen in Halle 20 der ehemaligen Munitionsfabrik Polte auf dem Duderstädter Euzenberg angesiedelt.

Mit Halle 20, die Max Näder 1946 in einem desolaten Zustand übernimmt, zieht er das große Los. Sie lässt sich nicht nur industriell, sondern in seitlichen Anbauten auch zu Wohnzwecken nutzen.

Halle 20

Am 4. September 1946 erreicht Näder sein nächstes Etappenziel: Die Genehmigung der Regierung Hildesheim, einen Filialbetrieb „zur Herstellung von Kunstgliedern, orthopädischen Apparaten und medizinischen Bandagen" in Duderstadt errichten zu dürfen, ist die Voraussetzung, eine der Euzenberg-Hallen zugewiesen zu bekommen. Die Auflage, nicht mehr als 10 Personen zu beschäftigen, ist zwar ein gewaltiger Hemmschuh für den Aufbau einer Produktion, doch ist er froh, mit diesem Papier nun erst einmal einen Fuß in der Tür zu haben.

Schließlich ist er nicht der einzige Interessent; es stehen noch weitere Bewerber Schlange am Euzenberg. 14 Betriebe werden bis Oktober 1947 hier eingewiesen; darunter die Reißverschlussfabrik Opti-Werk GmbH &Co aus dem thüringischen Meuselwitz.

Auf Vorschlag von Ziemann, der die Hallen-Verteilung vornimmt, erhält Näder im Herbst 1946 den Zuschlag für die Halle 20. Sie entpuppt sich als das große Los, entspricht sie doch „hundertprozentig" seinen Vorstellungen: „Die Halle 20 zunächst rein äußerlich zwar ramponiert, die Fenster zum Teil kaputt und ausgebaut, die Stahltüren verbeult, aber einen Fahrstuhl gibt es, und es klingt unglaublich, eine Gesenkschmiede, von der allerdings nur noch das Fundament vorhanden ist. Aber es ist ein schwingungsfreies

Ein Garten, freilaufende Hühner und ein Kaffeestündchen mit Schwiegermutter Marie – Idylle im Schatten der Fabrik.

Fundament, was noch nicht einmal Königsee aufweisen kann. [...] Zu Schmiede und Fahrstuhl kommt noch die dritte Sensation: ein Gleisanschluss mit Lokomotivschuppen. [...] Ich glaube fast an Wunder, als ich das alles sehe. Dank an Ziemann, Dank an Herrn Landrat Dr. Solf in Göttingen, dass er mir diese Möglichkeit Duderstadt empfohlen hat."

Nun kann Max Näder auch seinen Schwiegervater von Duderstadt als Fabrikationsstandort überzeugen. Otto Bock, sichtlich beeindruckt vom Organisationstalent seines Schwiegersohnes, ermuntert ihn zur Gründung einer eigenständigen Firma in Duderstadt. „Mach das allein", lautet sein Vorschlag.

Der Grundstock

Die Herausforderung ist riesig: Es gibt weder Material, Fahrzeuge noch Maschinen, von Geld ganz zu schwei-

Die erste Kopiermaschine, die Näder zur Bearbeitung von Holzrohlingen in seinem Werk aufstellt, ist eine „alte Bekannte" aus Königsee.

gen. Die Instandsetzung der Halle 20 wird nur teilweise von der Eigentümerin, der Luftfahrt-Anlagen-Gesellschaft Hamburg, finanziert. Um- und Einbauten zu eigenen Zwecken muss Näder selbst tragen. Ein Ereignis „von ganz besonderer Bedeutung" kommt ihm in dieser Situation zu Hilfe: Die Alfelder Firma Fagus, Spezialist für Maschinenbau zur Herstellung von Schuhleisten, teilt mit, dass eine neue Fagus-Kopiermaschine, die Otto Bock 1944 bestellt habe, abholbereit sei. Eine zweite, ältere Kopiermaschine, die bei Fagus in Reparatur war, sei ebenfalls versandfertig. Beide Maschinen sollen nicht direkt nach Königsee, sondern zwecks Weitertransport über Duderstadt gesendet werden. Deutlicher kann ein Signal nicht sein. Die Maschinen, die unentbehrlich sind, um Holzrohlinge für Beinprothesen herzustellen, wären bestens in Duderstadt aufgehoben – zumal das Königseer Unternehmen bereits seiner Enteignung entgegensieht. Die ältere Maschine ist sogar dieselbe Maschine, an der Max Näder während seiner Ausbildung bei Otto Bock gearbeitet hat. Er freut sich über dieses Wiedersehen. Da er die kostbaren Stücke noch nicht in Halle 20 installieren kann, schleust er sie zunächst an der englischen Militärpolizei vorbei und versteckt sie in einem alten Schuppen in Westerode unter dem Heu.

„Nach Königsee kann ich berichten, dass wegen falscher Papiere der Weitertransport im Augenblick nicht möglich sei. Das nun folgende Schweigen von Königsee muss ich trotz Skrupel meinerseits als Zustimmung von Otto Bock vermuten."

Ende 1947 werden die Kopiermaschinen in Halle 20 Probe gefahren. „Damit war der Kernpunkt der Fertigung gelegt", stellt Näder fest. „Ohne diese beiden Maschinen wäre eine Wiedergeburt einer Fertigung in Duderstadt nicht möglich gewesen: Erstens gab es solche Maschinen nicht und zweitens hätte ich gar kein Geld gehabt, solche Maschinen zu kaufen."

Am 1. Oktober 1947 geht die Gründung der Orthopädischen Industrie KG über die Bühne. Mitte 1948 sind die ersten Produkte lieferfertig: Fußpassteile, Knie-Waden-Passteile und Obertrichter für die Anfertigung einer Oberschenkelprothese sowie geschmiedete Schienen für Unter- und Oberschenkelprothesen.

Lebensmittelpunkt und Symbol

Prothesen statt Munition – für Halle 20 beginnt mit Näders Einzug ein neues Kapitel ihrer Nutzungsgeschichte,

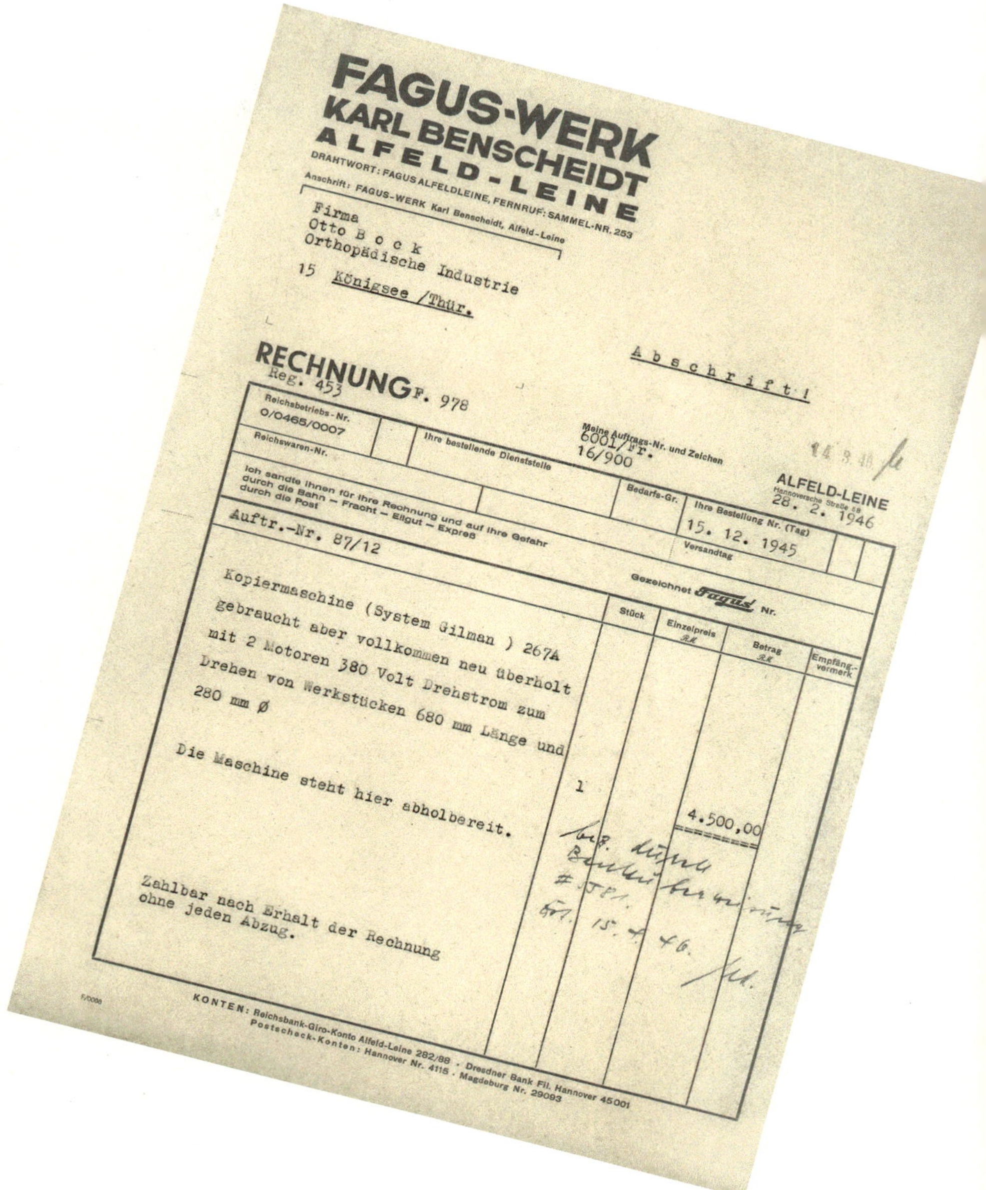

FAGUS-WERK
KARL BENSCHEIDT
ALFELD-LEINE
DRAHTWORT: FAGUS ALFELDLEINE, FERNRUF: SAMMEL-NR. 253
Anschrift: FAGUS-WERK Karl Benscheidt, Alfeld-Leine

Firma
Otto Bock
Orthopädische Industrie
15 Königsee /Thür.

Abschrift!

RECHNUNG F. 978
Reg. 453

Reichsbetriebs-Nr. 0/0465/0007
Reichswaren-Nr.
Ihre bestellende Dienststelle
Meine Auftrags-Nr. und Zeichen 6001/Fr. 16/900
ALFELD-LEINE Hannoversche Straße 58, 28. 2. 1946
Ich sandte Ihnen für Ihre Rechnung und auf Ihre Gefahr durch die Bahn – Fracht – Eilgut – Expreß durch die Post
Bedarfs-Gr.
Ihre Bestellung Nr. (Tag) 15. 12. 1945
Versandtag
Auftr.-Nr. 87/12
Gezeichnet Fagus Nr.

	Stück	Einzelpreis RM	Betrag RM	Empfängervermerk
Kopiermaschine (System Gilman) 267A gebraucht aber vollkommen neu überholt mit 2 Motoren 380 Volt Drehstrom zum Drehen von Werkstücken 680 mm Länge und 280 mm Ø Die Maschine steht hier abholbereit.	1		4.500,00	

Zahlbar nach Erhalt der Rechnung ohne jeden Abzug.

KONTEN: Reichsbank-Giro-Konto Alfeld-Leine 282/88 · Dresdner Bank Fil. Hannover 45001
Postscheck-Konten: Hannover Nr. 4115 · Magdeburg Nr. 29093

Die Rechnung des Alfelder Fagus-Werks vom 28. Februar 1946, eins der interessantesten Schriftstücke der Anfangsjahre, dokumentiert die abenteuerliche Beschaffung von Kopiermaschinen, ohne die Max Näder nur schwerlich eine Fabrikation in Duderstadt hätte aufbauen können.

völlig konträr zu ihrem ursprünglichen Zweck. In Anbetracht der Zeitumstände ist das wiederbelebte Stück Industriearchitektur die perfekte Standortlösung für Näders Unternehmensplan und wird für die nächsten 15 Jahre nicht nur Produktionsstätte der Orthopädischen Industrie, sondern auch das neue Zuhause der Fabrikantenfamilie.

Zwei Anbauten der Halle über drei Stockwerke, jeweils an der Ost- und der Westseite, funktionieren ideal als Wohntrakte. Im östlichen Anbau richten sich 1947 Max und Maria Näder ein. Die untere Etage reservieren sie für Marias Eltern. Denn die drohende Enteignung in Königsee, die „wie ein Schatten auf all unserm Denken und Handeln" liegt, macht deren Übersiedlung nach Duderstadt immer wahrscheinlicher. Marias Schwester Ursula wohnt mit ihren Kindern im Anbau West. Ein kleiner Garten, in dem auch der Firmenchef gelegentlich zur Hacke greift, liefert Gemüse. Hühner laufen umher. Bald steht das erste Firmenauto, ein fabrikneuer Volkswagen Baujahr 1948, vor der Tür.

Im Morgengrauen des 2. November 1948 fährt Max Näder mit dem Wagen los, um seine Schwiegereltern an der Zonengrenze bei Etzenborn abzuholen. Otto Bock trägt eine Aktentasche, das ist alles, was ihm nach der entschädigungslosen Enteignung durch die russische Militärregierung am 1. Juni 1948 geblieben ist.

Firmengründer Otto Bock (1888-1953) und seine Ehefrau Marie (1887-1964). Nach ihrer Flucht aus Königsee 1948 ziehen sie ebenfalls in Halle 20 ein. Am Firmenaufbau in Duderstadt arbeiten Max Näder und sein Schwiegervater nun gemeinsam.

Eine Feierabendszene vor dem Wohnungseingang der Halle 20 mit Ehefrau Maria *(rechts)*, den Nichten Uschi und Rosi und Schwägerin Ursula Weppler.

„Meine Frau hat in der Wohnung im Ostflügel alles vorbereitet“, erinnert sich Max Näder, „und unter Tränen der Rührung und des Wiedersehens geht Schwiegervater mit seiner Frau, ihren Arm stützend, zögernd, fast tastend in ihr neues Zuhause. Meine Frau und ich, beide, sind glücklich, unsere Eltern nach allem, was sie in ihrer Heimat durchstehen mussten, bei uns aufnehmen zu können.“

Halle 20, Fabrik und privater Lebensmittelpunkt, aufgeladen mit so vielen Erinnerungen aus der dramatischen Aufbauzeit, steht geradezu symbolhaft für die Anfänge Näders in Duderstadt. Viele Jahre später wird der Ort noch einmal Schauplatz der Firmen- und Familiengeschichte, als Hans Georg Näder, Firmenchef der dritten Firmengeneration, zur Diamantenen Hochzeit seiner Eltern im Jahr 2003 ein Wiedersehen mit dem ehemaligen Wohnsitz inszeniert: Möbel, Hausrat, der gedeckte Tisch – alles so wie früher in den späten 1940er Jahren.

Spaß bei der Gartenarbeit mit den Nichten. Oma Marie ruht sich auf der Liege aus.

Ein Déjà-vu-Erlebnis in Halle 20: Mit nachgestellter 40er-Jahre-Einrichtung im ehemaligen Wohnzimmer überrascht Hans Georg Näder seine Eltern zu ihrer Diamantenen Hochzeit am 27. August 2003.

Durchbruch mit neuen Produkten

Maria Hauff

1948 stellt die Währungsreform das Unternehmen vor eine harte Bewährungsprobe. Max Näder startet mit neuen Entwicklungen durch und findet einen Ersatz für das teure und knappe Holz: Mit Kunststoff begründet er eine neue Ära des Kunstgliederbaus.

Geldsorgen

Mit Gründung der Otto Bock Orthopädischen Industrie KG Duderstadt am 1. Oktober 1947 ist der erste große Schritt ins Unternehmertum geglückt. Geschäftsführer Max Näder blickt recht zufrieden auf das bereits Erreichte. Sein kleiner Betrieb ist wachstumsfähig, die Belegschaft von anfänglich 17 wächst bis 1948 auf 50 Mitarbeiter an.

Allerdings spitzt sich die finanzielle Lage der Firma zu. Die Herrichtung der Halle 20 hat viel Kapital verschlungen. Hinzu kommt am 6. Juni 1946 die entschädigungslose Enteignung der O.I. Königsee. Otto Bock wird alles genommen, auch das private Vermögen. Die neue kommunistische Betriebsleitung in Königsee unterbindet sofort den Warenhandel zwischen Königsee und Duderstadt, womit Max Näder die Grundlage seiner bisherigen Investitionsfähigkeit entzogen wird.

Dann schlägt am 20. Juni 1948 mit katastrophalen Konsequenzen die Währungsreform zu: „Sie vernichtet alles Geld, was wir gerade noch auf den Konten hatten", klagt Max Näder. „Die Lieferanten drängen auf Bezahlung ihrer Rechnungen, und die Kunden zögern die Bezahlung der Rechnung bis aufs Äußerste hinaus. Wie wird das alles weitergehen können? Und doch ist immer wieder die Hoffnung da. Kunden haben uns Geld geliehen, meine Mitarbeiter verzichten teilweise auf ihren Lohn. Der Betrieb liefert gut, und alle ziehen mit, ohne Ausnahme."

Auf Messen und Kongressen stellt Max Näder das Jüpa-Kniegelenk vor. Links Dr. med. Ernst Marquardt, Heidelberg, mit dem Näder Anfang der 1960er Jahre in der prothetischen Versorgung sogenannter Contergan-Kinder eng zusammenarbeitet.

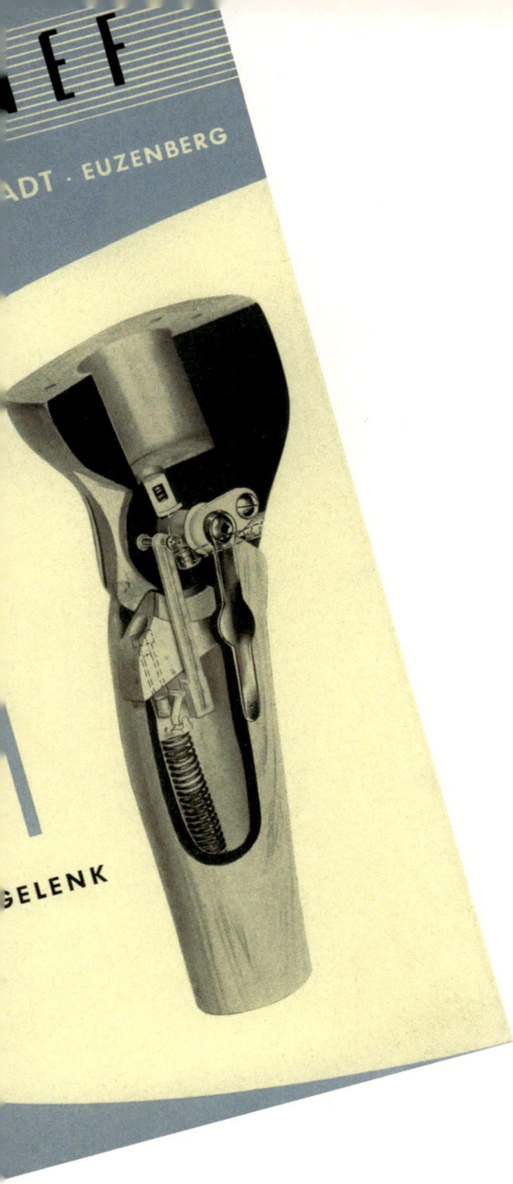

Maschinenpark für den korrekten Kunstbeinbau: Aufbauapparat, Planschleifmaschine, Balancegerät, Trichterkopiermaschine und Trichterfräsmaschine *(von links nach rechts)*. *Links:* Der Otto Bock Brief, Ausgabe Januar/Februar 1960, bringt das Jüpa-Knie als Hauptthema.

Verkaufsschlager Jüpa-Knie

Als gegen Ende 1948 die Firma kurz vor einem Konkurs steht, entwickelt Max Näder die rettende Strategie. Vier technische Innovationen sind es, mit denen er „aus dem Schatten der täglichen Existenzsorge heraustreten" und „wieder im Mittelpunkt des orthopädisch-prothetischen Geschehens" stehen will: Jüpa-Sicherheits-Kniegelenk, Balancegerät, Aufbaugerät und Planschleifmaschine.

Das 1949 entwickelte Jüpa-Knie – so bezeichnet nach den Vornamen der Entwickler Jürgen Fischer und Paul Kluge - ist ein neuartiges Bremskniegelenk mit hoher Standsicherheit. Es sorgt zu Beginn der 1950er Jahre für eine rasante Umsatzsteigerung von nahezu 50% – der erste durchschlagende Geschäftserfolg der Firma überhaupt. Näders neuartiges Balancegerät, basierend auf dem alten Otto Bock Statik-Apparat von 1938, misst den Körperschwerpunkt des Amputierten, was für eine korrekte Prothesenstatik unentbehrlich ist. Zwei weitere Geräte – Aufbaugerät und Planschleifmaschine – machen das Aufbausystem komplett. Außer den Berliner Technikern H. Franke, O. Bothe und J. Bayerl, die das Balancegerät entwickelten, zeichnen Max Näders Konstrukteure Werner Haupt und Richard Glabiszewski dafür verantwortlich.

Um das Ensemble aus Jüpa-Knie und Aufbaugeräten erfolgreich an den Mann zu bringen, setzt Max Näder auf persönliche Kundenbesuche, zumal ihm vorschwebt, die Kunden dabei zu einer Vorauskasse zu bewegen. „Meine Frau macht mit und so brechen wir beide im Mai des Jahres 1952 mit unserem Volkswagen zu unserem ersten Kundenbesuch auf."

Holzersatz

Es bleibt die Sorge um ausreichende Holzvorräte. Näders erste Lieferung von 1947, ein großer Posten Pappel-Rundholz-Stämme aus den Binnenhäfen Mannheim und Duisburg, völlig verkohlt und von Bombensplittern durchsetzt, ist inzwischen aufgebraucht und die steigende Nachfrage

„Getreu dem Leitsatz unseres leider viel zu früh verstorbenen Firmengründers Otto Bock sehen auch wir es als unsere Lebensaufgabe an, nicht nur Lieferant und Hersteller zu sein, sondern in dem uns möglichen Rahmen zu forschen und zu entwickeln, um diese Ergebnisse zum Wohle der Versehrten dem Orthopädiefach mitzuteilen." Max Näder im Otto Bock Brief Jan./Feb. 1960.

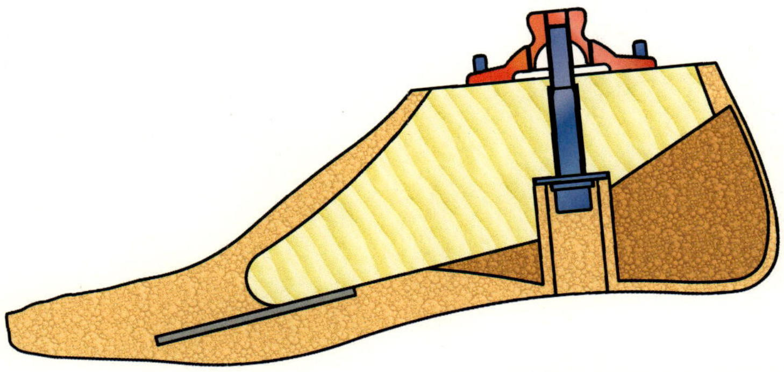

Schnitt durch den SACH (Solid Ankle Cushion Heel)-Fuß, der 1956 als erstes Passteil aus Kunststoff auf den Markt kommt.

nach dem Jüpa-Knie verlangt Holz aus frischem Einschlag. Eine Trocknungsphase beträgt mindestens ein Jahr, „das zehrt am Geldbeutel."

Daher beginnt Max Näder bereits 1948, Holzalternativen ausfindig zu machen, die in Richtung Kunststoff gehen. Es kommt ihm zu Ohren, dass Bayer Leverkusen einen neuen Schaumkunststoff auf Polyurethan-Basis, genannt Moltopren, entwickelt habe, der unter gewissen Umständen als Holzersatz vorstellbar sei. Sofort erkennt er die einmalige Chance und bemüht sich um eine entsprechende Lizenzvergabe von Bayer.

Inzwischen startet er schon mit eigenen Versuchen, einen Hartschaumstoff mit den physikalischen Eigenschaften von Pappelholz zu entwickeln. Wie diese Experimente abliefen, hat er später gern erzählt: „Ort der Handlung: ein neu eingerichtetes Labor, für das mein Badezimmer in unserer Wohnung im Ostanbau des Gebäudes 20 gerade gut genug ist. Meine erste Mitarbeiterin und Assistentin: meine Frau. In der uns fremden Materie finden wir uns bald zurecht und es gelingt uns, in den von einem geschickten Mitarbeiter hergestellten Formen ein orthopädisches Passteil anzufertigen, das später als weltbewegendes neues Produkt herausgestellt werden sollte.

Spätestens als uns eine in der Reaktion befindliche Rezeptur in einem Gefäß mit lautem Knall zerplatzt und uns beide mit Hartschaum übergießt, ist es uns klar, dass man nur mit einer maschinellen Anlage weiterkommen konnte."

Kunststoff als neuer Impuls für die technische Orthopädie

Mit Kunststoff kann die Kunstgliederfabrikation auf ein hochtechnisiertes Niveau zusteuern, das in Abhängigkeit vom Werkstoff Holz nicht möglich wäre. PEDILEN®, so die Artikelbezeichnung des im Gießverfahren hergestellten Schaumstoffs auf Polyurethan-Basis, ist leicht und widerstandsfähig.

Verfahrenstechnisch lassen sich die Prothesenteile aufgrund der speziellen Eigenschaften des Schaumstoffs dünnwandig ausformen, aber dennoch statisch korrekt aufbauen, was – wie Näder selbst ausführt – erstmals den Vorteil bietet, „sowohl die Mechanik in das Innere der Prothese zu verlegen und dadurch einen wesentlichen kosmetischen Effekt zu erzielen, als auch erstmalig aus Serienteilen eine […] auch im äußeren Aussehen individuelle Prothese zu fertigen."

Das erste Fußpassteil der neuen Generation kommt 1956 unter der Bezeichnung SACH (Solid Ankle Cushion Heel)-Fuß heraus. Der Einsatz von Polyurethan-Kunststoff macht einen solchen Prothesenfuß elastisch, abriebfest und vor allem erheblich leichter als die traditionelle Variante aus Holz und

Die Otto Bock Briefe, 1938 als Publikationsreihe von Otto Bock ins Leben gerufen, werden auch in Duderstadt weiter herausgegeben. Sie informieren Kunden und Ärzte über Produkte und Verfahren, die bei Otto Bock entwickelt werden.

Max Näder und sein Schwiegervater Otto Bock. Das Bild entsteht im Jahr der gemeinsamen Gründung der Otto Bock Kunststoff GmbH 1953. Es ist zugleich das Todesjahr des Firmengründers.

Filz. „Für PEDILEN® gibt es keine Alternative", textet die Werbeabteilung.

Es folgt 1962 die „System-Hand", bestehend aus drei Komponenten: einer inneren Handmechanik, einem umschließenden Handkörper aus weichem Kunststoff und einem kosmetischen, dem natürlichen Vorbild nachgebildeten Handschuh als „Hautersatz". Die neue Dimension dieser Entwicklung liegt in der Verbindung von optimaler Funktion und naturähnlichem Aussehen, was die Akzeptanz des Benutzers erhöht.

Gründung der Otto Bock Kunststoff

Max Näders Schwiegervater trägt die neuen Pläne mit. Um das Kunststoffprojekt realisieren zu können, wirbt er im Juli 1953 die benötigten Finanzierungsmittel von ca. 210.000 DM bei der Duderstädter Kreisverwaltung ein. Dabei preist er die vielfältigen Einsatzmöglichkeiten des Kunststoffs an und prognostiziert: „Wenn nicht alles trügt, wird das Unternehmen in absehbarer Zeit über 100 Personen dauernd Arbeit und guten Lohn geben."

Am 14. August 1953 gründet er zusammen mit seinem Schwiegersohn die Otto Bock Kunststoff G.m.b.H.; er selbst ist Geschäftsführer, Max Näder sein Stellvertreter. Die eigentliche Geburtstunde der Otto Bock Kunststoff-Technologie ist gekommen, als die neue Schäummaschine für die erste Kunststoffmischung angefahren wird – ein spannender, aber auch tragischer Moment, denn gleichzeitig kommt aus dem Wohnungsflügel der Halle 20 die Nachricht, dass Otto Bock soeben verstorben sei. Es ist der 8. September 1953.

Nach Otto Bocks Tod führt Max Näder die Firma als alleiniger, persönlich haftender Gesellschafter weiter. Daneben ist er Geschäftsführer der 1951 gegründeten Familien KG mit den Gesellschaftern Marie Bock, Ursula Weppler, Maria Näder und Georg Bock, Hamburg.

Breite Palette

Zunächst wird der neue Schaumstoff vorrangig zu orthopädischen Artikeln verarbeitet. Doch schnell erkennt Näder, wie vielseitig dieser Werkstoff ist und dass eine optimale Ausnutzung der eigens angeschafften Produktionsanlage nur in der Herstellung auch orthopädiefremder Produkte liegen kann. Die moderne Konsumwelt wartet – insbesondere die Haushalts-, Textil- und Verkehrsbranche kommen als vielversprechender Markt in Frage: „Das Produktionsprogramm umfasst Gebrauchsartikel aus Kunststoff, insbesondere aus elastischem und festem Kunst-Schaumstoff. Zum Lieferprogramm gehören Kissen, Decken für Betten, Automobile, Flugzeuge, Schiffe usw. Die festen Erzeugnisse werden als Isolierplatten geliefert, die beim Schiffsbau, beim Häuser- und Automobilbau usw. verwendet werden", lässt die Firma 1953 verlauten.

Im Göttinger Tageblatt vom 24. Dezember 1953 wird den Leserinnen der letzte Schrei der kommenden Modesaison schmackhaft gemacht: Mäntel mit Moltoprenfutter von Otto Bock.

Schnell ist die Halle 20 – in erster Linie Produktionsstätte der Orthopädie – zu klein. Zum einen wächst die Zahl der Beschäftigten, zum anderen

Im Zeitalter des Wirtschaftswunders kaum wegzudenken: Mobilität, Reisen und Automobile. Auch Max Näder hat sie für sich entdeckt und posiert gern mit Autos, wie diesem Goggomobil-Coupé, das auf einem Ausflug Anlass für ein Foto gibt.

„Herr Henze, was machen die Rohstoffpreise?"

Jürgen Henze

Für unsere Mitarbeiter, und für Peter Gansen und mich gilt das selbstverständlich ganz genauso: Es sind vor allem die persönlichen Begegnungen mit Dr. Max Näder, die unvergessen bleiben. Als authentischer Unternehmer und Grandseigneur, der Werte und Charakter hochhält, hat er überall beeindruckt, wo er in Erscheinung getreten ist. Außerhalb der Firma und intern nicht anders. Allerdings bin ich davon überzeugt, dass für ihn der Bereich Kunststoff immer eine sehr spezielle emotionale Rolle gespielt hat. Das spürte man einfach, und das lässt sich auch leicht nachvollziehen. Kunststoff von Ottobock, das war ja sein Baby. Am Anfang stand nur die Hoffnung, nach dem Zweiten Weltkrieg mit Kunststoffen auf Basis Polyurethan einen Ersatz für Holz als Werkstoff im Bereich HealthCare zu finden. Und dann wurde daraus 1953 ein neues Unternehmen mit einer so komplexen und internationalen Erfolgsstory. Wer hätte sich damals vorstellen können, dass wir heute außer in Duderstadt auch in Detroit und mit unserem Joint Venture Partner in Guangzhou/China für den globalen Markt produzieren?

Ich erinnere mich gut daran, wie er auch noch mit mehr als 90 Jahren seine Rundgänge durch unsere Fertigung angetreten hat, oft mit seinem Hund Happy an der Leine. Das geschah nahezu täglich und trotzdem war es immer wieder spannend, ihm dabei zu begegnen. Er hat immer sehr genau hingesehen und zeigte seine Zufriedenheit, wenn die Hallen einen sauberen Eindruck machten. Es gab mal einen Tag, an dem haben wir alle sehr deutlich gespürt, wie er mit Herz und Seele am Kunststoffbereich hing. Da kam er sehr aufgebracht zu mir und sagte: „Stellen Sie sich vor, da ist doch jemand mit dem Gabelstapler gegen unseren schönen Schaum gefahren!" Das ging ihm schon sehr gegen seinen Stolz.

Max Näder hat uns viel Vertrauen entgegengebracht und operativ schalten und walten lassen. Das heißt aber nicht, dass er nicht auch noch im hohen Alter jederzeit punktgenau gewusst hätte, was in unserem Geschäft gerade das zentrale Thema ist. Wenn er dann zum Beispiel fragte „Herr Henze, was machen die Rohstoffpreise?", dann traf er damit genau auf den Punkt, der uns gerade am dringendsten beschäftigte.

Seit ich vor 20 Jahren zum Unternehmen kam, habe ich Dr. Näder immer als einen Menschen schätzen gelernt, auf den man sich verlassen kann. Als wir 1999 beschlossen, mit dem Bau der Ether-Schäumhalle zu beginnen, da stand er voll und ganz hinter uns und hat uns den Rücken gestärkt. Das war ja damals echte Pionierarbeit, die wir mit der Firma Albrecht Bäumer gemeinsam in Angriff nahmen. Auch dieser kooperative Umgang mit Partnern und Kunden gehört zu der Kultur, die er bei uns gefordert und auch selbst gepflegt hat. Diese Prinzipien gelten heute noch. Ich möchte das so sagen: Sein beeindruckendes Lebenswerk wirkt nachhaltig, damals wie heute.

Jürgen Henze (Jahrgang 1958), Geschäftsführer Otto Bock Kunststoff Holding GmbH, Deutschland, Stellv. Vorsitzender Otto Bock Polyurethane Technologies, Inc, USA, Geschäftsführer Foampartner Bock Polyurethane Materials Co. Ltd., China, Geschäftsführer Foampartner-Bock AG, Schweiz Geschäftsführer Otto Bock PUR Life Science GmbH, Deutschland

19. 6. 54

Unser Herr Dröse
wird sich erlauben, Sie in den nächsten Tagen zu besuchen.

Bitte reservieren Sie ihm Ihre geschätzten Aufträge in:

Holzpaßteilen **Materialien**

Schienen **Bruchbänder**

Sonstigen Zubehör für **Werkzeuge**

Kunstglieder und Apparatebau **Einlagen**

Sorgfältige und prompte Ausführung Ihrer Lieferwünsche sichern wir Ihnen zu.

Mit freundlichem Gruß!

Otto Bock

Duderstadt, Datum des Poststempels ORTHOPÄDISCHE INDUSTRIE KG.

Ich/Wir benötige(n) von der Firma OTTO BOCK
Orthopädische Industrie K.G. · Duderstadt

Kennzeichen	Artikel, Größe und Menge

Ausschnitte aus unserem Lieferprogramm

2Z9 Gummisohle
Gebrauchsmuster 1608086

5 P 1
Holzoberschenkeltrichter
aus Pappel oder Weide

1B3 combinierter Gummfilzfuß
mit Berliner Fußgelenk

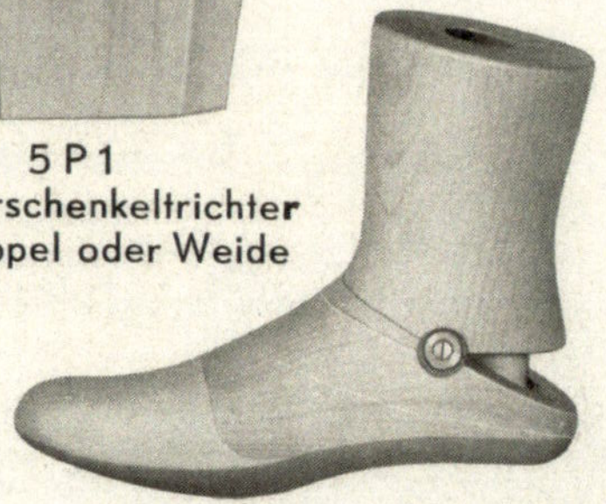

1H5 combinierter Gummifilzfuß
mit Hängegelenk

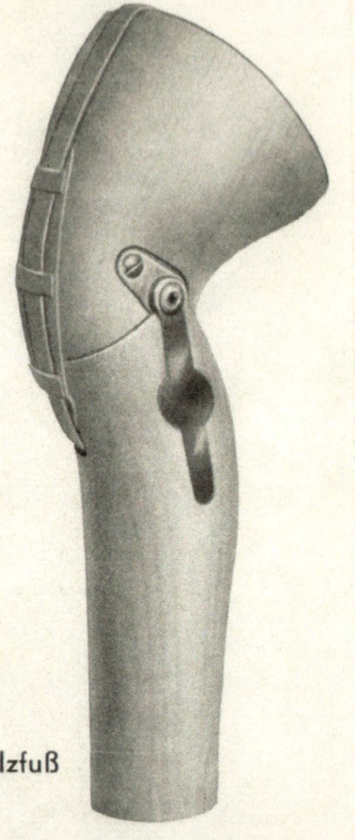

3P9 „Jüpa"-Wade

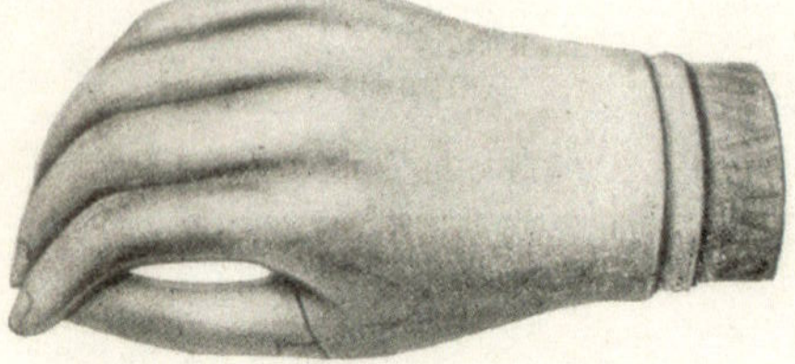

8F3
Ganzfilzhand mit Kugelhandgelenk und
federndem Daumen

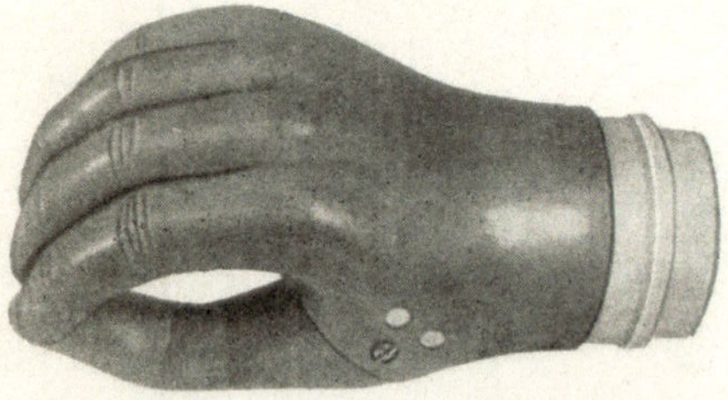

8L2 Lederhand mit Kugelhandgelenk
und federndem Daumen

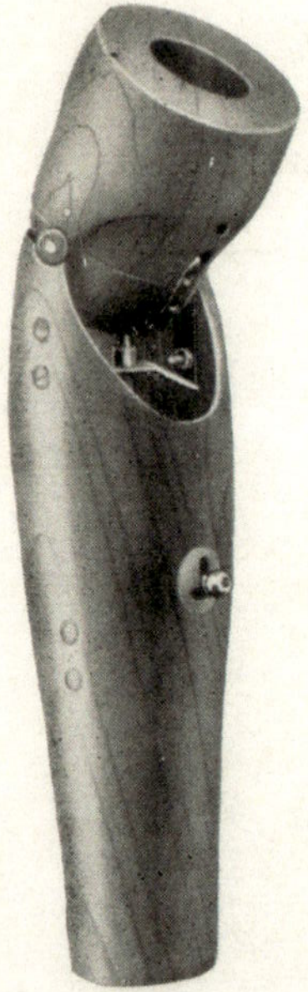

12 P 2
Ellbogen-Paßteil
mit Feststellung

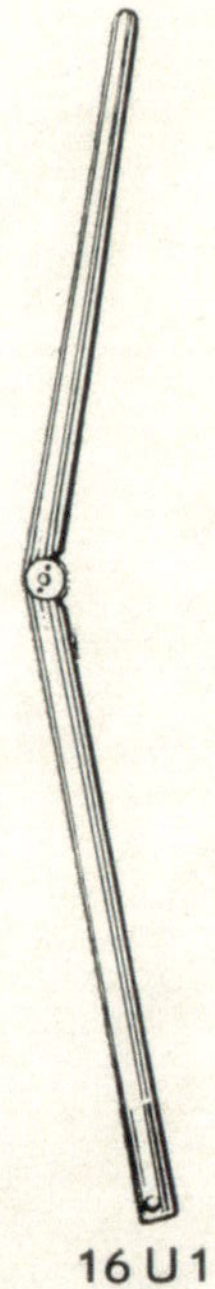

16 U 1
Leder-
Unterarmschienen

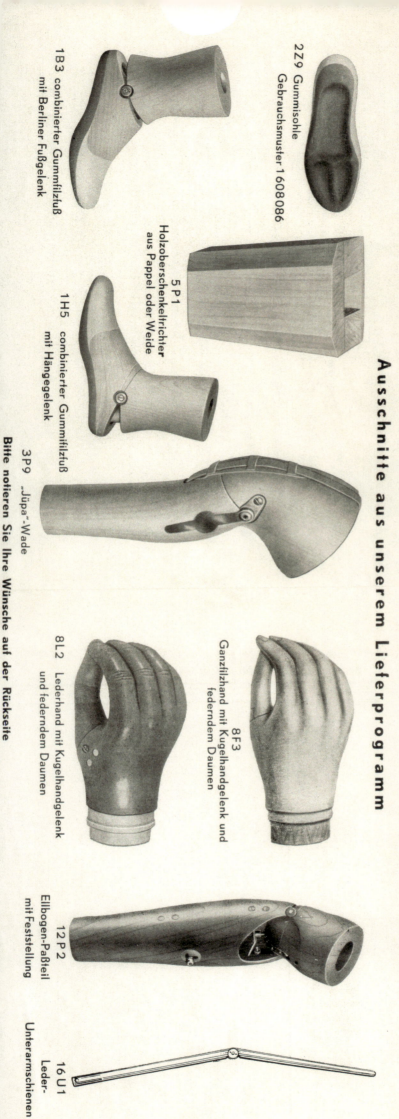

Bitte notieren Sie Ihre Wünsche auf der Rückseite

Der perfekte Euzenberg-Überblick im Luftbild von 1956: Vorn links Halle 20, Sitz der Orthopädischen Industrie und gleichzeitig Domizil der Unternehmerfamilie mit Gemüsegarten. Links dahinter Halle 18, Standort der Kunststoffproduktion. Auf dem Gelände rechts davon lagern die Baumstämme für die Prothesenfertigung.

benötigt die Herstellung der langen Schaumstoffbahnen viel Raum. Damit steht eine erste Fabrikerweiterung an: 1954 wird die benachbarte Halle 18 mit 1.600 qm Nutzfläche als Sitz der Kunststoffsparte hinzugenommen.

Wichtigster Abnehmer ist die Kfz-Industrie, die mit Türverkleidungen, Armaturenbrettern, Sitzpolsterungen und Sonnenblenden beliefert wird. Den Durchbruch bringt die Kunststoffmesse in Düsseldorf 1967, wo die Firma mit ihren neuen Zwei-Komponenten-Polyurethan-Schaumsystemen insbesondere das Interesse der Lenkradhersteller gewinnt. Bis dahin hat man Lenkräder mit Holz, Gummi oder Bakelit ummantelt. Dies ändert sich nachhaltig mit dem Otto Bock PUR-Lenkrad, das heute in so gut wie keinem Auto fehlt.

„Am Anfang suchten wir einen preiswerten Ersatz für Holz", so resümiert Näder, „dann wurden wir die allerersten Schäumer, die in das Automobil hineingegangen sind."

Bocks und Näders anfängliche Erfolgsprognosen bestätigen sich. 25 Jahre nach Inbetriebnahme der ersten Schäummaschine steht das Unternehmen auf einem soliden zweiten Standbein. Längst sind die Produktionsanlagen – seit 1963 im Fabrikneubau an der Industriestraße – modernisiert, schäumen große Blöcke in verschiedensten Ausführungen, je nach Verwendungszweck von weich bis hart, und schneiden auf den weltweit größten Schneidanlagen die benötigten Stärken auf einer Skala von 0,8 mm Stärke und bis 120 m in der Länge.

Stolz blickt der Firmenchef auf seine inzwischen 150 Mann starke Kunststoffbelegschaft und verweist in seiner Jubiläumsrede 1978 auf den erreichten Status: „In der Polyesterverschäumung darf ich uns als führend in Europa, im Schaumsystem aber als führend in der Welt einstufen."

Super Constellation

Nicht noch einmal alles verlieren

Maria Hauff

Die politische Großwetterlage der 1950er Jahre gibt den Ausschlag zur frühen Internationalisierung der Firma. Triebfeder ist Max Näders Sorge um das Weiterbestehen der Firma in der Zeit des Kalten Krieges mit seinen Bedrohungsszenarien. 1958 gründet er in Minneapolis seine erste Auslandsgesellschaft und legt damit den Grundstein für die globale Ausbreitung des Unternehmens.

Verlustangst der Aufbaugeneration

Die 1950er Jahre stehen für Aufbruch und Fortschritt. Was insgesamt für die deutsche Nachkriegsgesellschaft auf dem Weg ins „Wirtschaftswunder“ gilt, ist auch an der Wiederaufbaugeschichte der Firma ablesbar: Unter größten Anfangsschwierigkeiten, aber mit dem zupackenden Optimismus der Aufbaugeneration, hat Max Näder ein funktionierendes Unternehmen auf die Beine gestellt, verbucht bereits um 1950 erste Geschäftserfolge mit dem Jüpa-Knie und stellt 1953 sein Unternehmen mit der Kunststofftechnologie auf eine zweite starke Säule. 1958 gründet er seine erste Auslandsgesellschaft in Minneapolis im US-Staat Minnesota.

Schon Otto Bock pflegte 20 Jahre zuvor von Königsee aus internationale Geschäftsbeziehungen und exportierte in alle Erdteile. 1936 unternahm er eine Reise in USA, um sich über den dortigen technologischen Stand zu informieren und sein Kundennetz auszubauen.

Max Näders Blick über den Atlantik hingegen ist von einer anderen Motivation getragen. Ihn plagen existentielle Ängste, die sich erst mit dem Mauerfall 1989 wirklich auflösen. So tief sitzt der Stachel der entschädigungslosen Enteignung der Orthopädischen Industrie Königsee, dass er auf keinen Fall einen erneuten Totalverlust der Firma hinnehmen will.

Es ist das Bedrohungspotential des Kalten Krieges zwischen dem westlichen und dem östlichen Machtblock, das bei Vielen die Angst vor dem vielbeschworenen „Tag X“ schürt. Der Koreakrieg (1950) und später die Kuba-Krise (1962) bringen die Welt an den Rand eines Atomkrieges. Aus dieser Sorge heraus lässt Max Näder seine wichtigen Geschäftsunterlagen kopieren, um sie auch außerhalb der Duderstädter Firma zu deponieren. Darüber

Oben: Werbung für das „Jüpa“-Kniegelenk in den USA, wo es als Safety Knee ab Mitte der 1950er Jahre den Markt erobert.
Links: Max Näders Rückkehr von seiner ersten großen Geschäftsreise in die USA 1956.

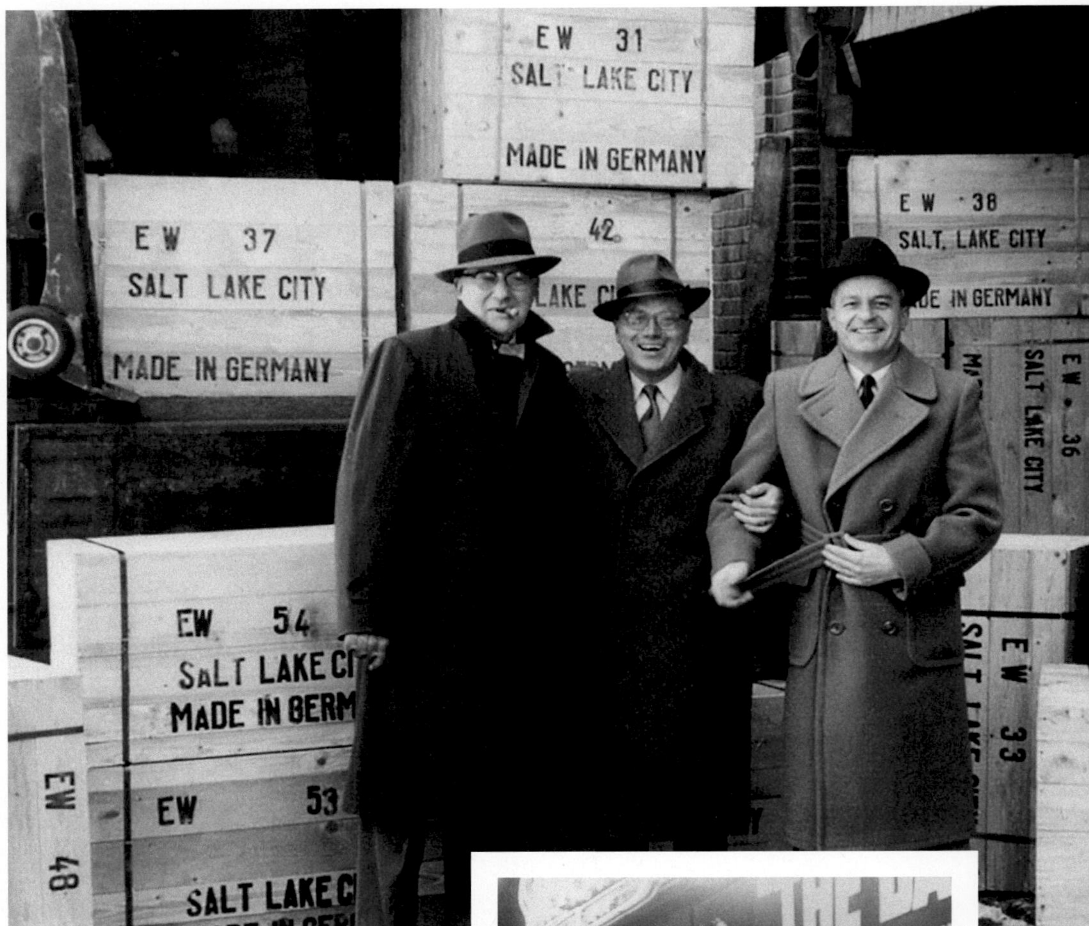

Zufriedene Gesichter bei Max Näder und seinen USA-Agenten Harry Fahrenholz (l.) und Eugene Wagner über das blühende Exportgeschäft mit dem Jüpa-Knie. Die Kisten stehen transportbereit vor Halle 20. Von Bremen werden sie in die USA verschifft, wo Näder seit 1953 eine Vertriebsniederlassung in Salt Lake City/Utah unterhält.

hinaus soll ständig ein vollgetanktes Auto bereitstehen. „Es hat einen umfangreichen Katastrophenplan gegeben, der halbjährig aktualisiert wurde", bestätigt Näder diese Maßnahmen im Nachhinein.

Erste USA-Geschäfte

Max Näders internationale Aktivitäten starten im Sommer 1953. In Salt Lake City gründet er die Otto Bock Distributing Agency, eine Vertriebsniederlassung, mit deren Hilfe er seine Produkte auf den amerikanischen Markt bringen will. Bezeichnenderweise beinhaltet der Vertrag, den Näder am 27. Juni 1953 mit dem Vertriebsleiter Eugene Wagner abschließt, Vorkehrungen für den Fall, dass aus militärischen oder politischen Gründen das Duderstädter Werk gefährdet sein würde. Näder sollte dann spätestens bis 31. Juli 1954 die Fabrikationsunterlagen des 1949/50 entwickelten Jüpa-Knies und anderer Hauptprodukte bei Wagner deponieren. Falls Duderstadt nicht mehr liefern könne, sei Wagner beauftragt, eine Fertigung in Salt Lake City aufzubauen.

Maria und Max Näder in Milwaukee, festgehalten auf dem Polaroid eines Straßenfotografen im September 1956.

Lebenslange Freundschaft: Ehepaar Näder und Geschäftspartner John Hendrickson mit Ehefrau Ardis 1956 und beim Gegenbesuch der Hendricksons in Duderstadt 1959 *(oben)*.

Das Exportgeschäft brummt: Vor Halle 20 türmen sich die Kisten mit der Aufschrift „Salt Lake City". Max Näders erstes Erfolgsprodukt Jüpa-Knie wird auch in Amerika ein Verkaufsschlager. Im Oktober 1953 wird der erste Posten von 500 Jüpa-Knien im Wert von 9.350 Dollar von Bremen aus verschifft. „Eine Riesenangelegenheit", freut sich Näder und schickt als zweite Lieferung die Otto Bock-Aufbaugeräte über den Atlantik. Wagner soll sie für 5.000 Dollar in den USA verkaufen. Wenig später finden auch die ersten Kunststoff-Passteile wie der SACH-Fuß von 1956 reißenden Absatz auf den amerikanischen Märkten.

Am 10. August 1956 brechen Max und Maria Näder zu einer dreimonatigen USA-Geschäftsreise auf. Teilweise auf der Kundenroute Otto Bocks vom Mai 1936 führt diese Marathontour durch 22 Staaten. Im Autoanhänger sind die Aufbaugeräte verstaut, die in Orthopädiewerkstätten, auf Messen und Kongressen vorgeführt werden sollen. Um Gewicht zu sparen, hat Max Näder die Planschleifmaschine aus Aluminium herstellen lassen. Bei einem Kongress der Technischen Universität San Francisco im Oktober entsteht schon beim Auspacken der Geräte ein großer Zulauf am Otto Bock-Stand, so sehr hat sich die innovative Aufbaumethode mit dem „Dreiergestirn" Balancegerät, Aufbaugerät und Planschleife schon herumgesprochen, berichtet Maria Näder nach Hause.

Deal per Handschlag

In Minneapolis im Staat Minnesota fallen die Würfel: Bei der Winkley

Trotz Kunststofftechnologie bleibt Holz wertvoller Rohstoff für die Prothesenfabrikation. Max Näder mit John Hendrickson am Pappelholzlager vor Halle 18, Ende 1950er Jahre.

Artificial Limb Company, einem der größten Otto Bock-Kunden noch aus Königseer Zeit, kann Max Näder nicht nur die gesamte dreiteilige Aufbaueinheit verkaufen. Es ist auch der erste Kontakt zu der Firma, mit der er seine erste Auslandsniederlassung gründet. In Winkley-Geschäftsführer John R. Hendrickson (9. Oktober 1911–16. Juni 2009) findet Max Näder, der ohnehin einen Nachfolger für Wagner sucht, den richtigen Partner. Ende 1957 übergibt er ihm die Alleinvertretung von Otto Bock-Produkten in den USA; am 21. Februar 1958 gründet er die Otto Bock Orthopedic Industry Inc. und macht John Hendrickson zum Executing Vice President. „We did that on handshake", erinnert sich John Hendrickson 2008 beim 50. Jahrestag dieser Operation.

Über das rein Geschäftliche hinaus entsteht eine lebenslange private Freundschaft. Auch über die folgenden Generationen hinweg halten die Hendricksons der Familie Näder und der Firma Otto Bock die Treue, beginnend mit Jack R. Hendrickson (geb. 21. Februar 1943), der 1979 die Nachfolge seines Vaters John antritt und dessen Kindern Anna und James, die ebenfalls für Otto Bock arbeiten.

Weg zum Global Player

Die Gründung der ersten Tochterfirma in den USA ist der Auftakt für viele weitere Auslandsniederlassungen. Schweden (1967), Italien (1967), Österreich (1969), Spanien (1973), Australien (1974 und 1981), Brasilien (1975), England (1976), Frankreich (1978), Kanada (1978) und die Niederlande (1981) sind Standorte, die allein in der Ära Max Näder zur Otto Bock-Familie hinzukommen. Auf dieser Grundlage wird Hans Georg Näder, Inhaber der dritten Firmengeneration ab 1990, die weltweite Präsenz der Firma noch weiter ausbauen. Eine zentrale Rolle spielt Wien, Max Näders „Denkfabrik". Hier siedelt er zu Beginn der 70er Jahre ein hochqualifiziertes Entwicklungsteam an, um seinen innovativsten Technologiezweig, die Myoelektrik, dorthin zu verlagern. Ähnlich wie Minneapolis in den USA soll Wien der Firmenabsicherung auf dem europäischen Kontinent dienen. Peter Gammer (Jahrgang 1944), langjähriger Geschäftsführer von Otto Bock Austria weiß noch, dass Näder nicht nur in Kanada, Australien und in den USA, sondern auch in Wien Unterlagen deponierte. „Ausgangspunkt der Globalisierung waren weniger strategische Ansätze, sondern das Verlusttrauma. Der Beginn der Globalisierung bei Otto Bock war aus der Not geboren, um die Firma abzusichern."

Häufiger Gast in Duderstadt ist John Hendricksons Sohn Jack. 1979 übergibt ihm Max Näder die Nachfolge seines Vaters als Geschäftsführer von Otto Bock Minneapolis.

My friend Max,

On the special occasion of celebrating Max Naeder's 100th Birthday - Wednesday June 24, 2015 - I have been given the distinct honor and pleasure to write a few words about my friend Max. Those who knew him are aware of what he achieved in his lifetime. It is evidenced by the factory complex in Duderstadt, by the innovative products developed and produced over the years, by the worldwide organization that he built, by the respect people have for the name of Otto Bock, by the many honors that have been bestowed upon him and by the dedicated people he surrounded himself with.

When I think of Dr. Max Naeder many images come to mind. I see a man and a family that lost everything after the Second World War, that saw their hopes and dreams and the world they lived in come falling down around them. I see a man who would not accept defeat, a man who was optimistic about the future, a man who in spite of extreme hardship took what he had and rebuilt his company from virtually nothing into a world leader in our industry. I also visualize a very astute and smart business man, a man who was a leader by example, who through his actions clearly defined what the company was about and what it stood for. He created a unique "company culture" that gave the feeling of belonging to a dedicated group of people, all with the same goals. He inspired people. He encouraged and enabled people to do their best. That culture created great camaraderie and it was wonderful to be part of such a great team.

For me, the personal side of Dr. Max Naeder stands out far more than anything he did in business. Because of our warm relationship I always addressed him simply as Max. When I think back on our long friendship, I remember Max as a very warm and generous human being. He was a kind, caring person; always a gentleman.

My first contacts with Max were together with my father. They had a very special relationship that was both unique and enduring. I consider myself extremely lucky to have experienced those early years when things were not so easy and to have been a part of the "growing" years of Otto Bock.

Perhaps it seems unusual, but I do not remember any difficult times in our personal relationship. However, in the 50 plus years that I knew him, we did have some tough business obstacles to overcome. I remember a very strong Max leading us through all challenges that we faced. Sometimes this was with direct recommendations, sometimes through encouragement, sometimes with a "swift kick in the rear", but always with support, confidence and dedication that brought us success.

I remember Max's hand shake. He would grab hold of your hand with a mighty force, watch for your reaction and then laugh when he outlasted you. I remember Max laughing with my father at sometimes meaningless things; laughing until he was red in the face, almost out of breath, tears streaming down, then looking at me and starting in all over again. It was silly, but it is important to me in defining Max.

In my lifetime, I have met many people, some important, some who were not so important but who thought they were, but I have never met another man like Max. He treated me with respect and with dignity, always making me feel comfortable and important. I always wanted to do better, just to please him. Max inspired in me a loyalty for him and the company that endures still today.

In later years when he no longer came to the office, I would visit him at his home every time I was in Duderstadt. He was always sitting at a table in the breakfast room overlooking the back yard. We would talk about past times. I truly miss him, but my memories of him are as strong as ever. I will treasure those memories forever.

Happy 100th Birthday Max
from your friend, Jack!

„My friend Max"

Jack Hendrickson

Übersetzung aus dem Englischen: Anlässlich des 100. Geburtstages von Dr. Max Näder am 24. Juni 2015 wurde mir die hohe Ehre und große Freude zuteil, einige Worte über meinen Freund Max zu schreiben.
Die ihn kannten, wissen um seine Lebensleistung. Sie ist erkennbar am Werkskomplex in Duderstadt, an den in vielen Jahren entwickelten und gefertigten Produkten, an der weltweiten Unternehmensorganisation, am Respekt für den Namen Otto Bock. Erkennbar auch an den vielen Auszeichnungen, die ihm verliehen wurden, und an den engagierten Menschen, mit denen er sich umgab.
Wenn ich an Dr. Max Näder denke, stellen sich viele Bilder ein. Ich sehe einen Mann und eine Familie, die nach dem Zweiten Weltkrieg alles verloren, deren Hoffnungen und Träume und die Welt, in der sie lebten, verloren gingen. Ich sehe einen Mann, der Niederlagen nicht akzeptierte, der optimistisch in die Zukunft sah und der trotz aller harten Umstände das wenige in die Hand nahm, das er hatte, um nahezu aus dem Nichts sein Unternehmen wieder aufzubauen und es zum Weltmarktführer der Branche zu machen. Ich nehme ihn auch wahr als klugen und smarten Businessman, als führenden Kopf, der klar definierte, wofür das Unternehmen steht.
Er schuf eine einzigartige Unternehmenskultur, die uns das Gefühl gab, zu einer Gruppe von Menschen zu gehören, die sich alle demselben Ziel verschrieben hatten. Er inspirierte Menschen und ermutigte und befähigte sie, ihr Bestes zu geben. Diese Unternehmenskultur hatte eine intensive Gemeinschaft zur Folge, und es war wunderbar, zu diesem Team zu gehören.
Mich persönlich hat der private Mensch Max Näder noch weit mehr beeindruckt als alle seine geschäftlichen Erfolge. Aufgrund unserer warmherzigen Beziehung sprach ich ihn einfach mit „Max" an. Ich denke zurück an die lange Freundschaft mit Max, einem liebenswürdigen und großzügigen Menschen.
Er war gütig und fürsorglich und immer ein Gentleman. Anfangs traf ich Max zusammen mit meinem Vater. Die beiden verband eine sehr spezielle Beziehung, einzigartig und beständig. Ich schätze mich sehr glücklich, diese ersten Jahre erlebt zu haben, als die Dinge nicht so einfach waren, und dann das Unternehmen wachsen zu sehen. Vielleicht hört es sich ungewöhnlich an, aber ich erinnere mich an keinerlei schwierige Zeiten in unserer persönlichen Beziehung. Allerdings galt es, einige harte geschäftliche Hindernisse zu überwinden während der mehr als 50 Jahre unserer Zusammenarbeit.
Ich habe einen sehr starken Max in Erinnerung, der uns durch alle Herausforderungen führte. Manchmal sprach er eine direkte Empfehlung oder Ermutigung aus, zuweilen gab es einen nachhelfenden raschen „Kick", aber immer unterstützend, vertrauensvoll und mit dem Commitment, das uns erfolgreich machte.
Ich erinnere mich an Max' Handschlag: Er pflegte kraftvoll deine Hand zu nehmen, beobachtete deine Reaktion und lachte, wenn er den Händedruck länger durchhielt. Manchmal lachte Max mit meinem Vater über nichtssagende Dinge; er lachte, bis sein Gesicht rot wurde und er außer Atem geriet, Tränen liefen über sein Gesicht; dann schaute er mich an und fing wieder an zu lachen. Das mag albern klingen, aber für mich ist es wichtig für mein Bild von Max.
Ich habe in meinem Leben viele Menschen getroffen, einige sehr wichtige und andere, die nur meinten, sie seien wichtig, aber mir ist niemals wieder ein Mensch wie Max begegnet. Er behandelte mich respektvoll und aufmerksam, so dass ich mich immer wohl fühlte in seiner Gegenwart. Stets war ich bestrebt, in allen Dingen noch besser zu werden, einfach um ihm eine Freude zu machen. Meine Loyalität zu Max und dem Unternehmen dauert bis heute an.
In späteren Jahren, als er nicht mehr ins Büro ging, habe ich ihn bei jedem meiner Besuche in Duderstadt zu Hause besucht. Meistens saß er an einem Tisch im Frühstücksraum mit Blick in den Garten. Wir erzählten von alten Zeiten. Ich vermisse ihn sehr, aber meine Erinnerungen an ihn sind unverändert stark.
Ich werde diese Erinnerungen für alle Zeiten in Ehren halten.
Glückwünsche zu Deinem 100. Geburtstag, Max, von Deinem Freund Jack!

Jack Hendrickson (Jahrgang 1943), President & CEO Otto Bock Minneapolis 1979–2000, Vice President Logistics North America 2000–2005, Vice President Global Logistics 2006–2011, Special Logistic Projects 2012 to Present

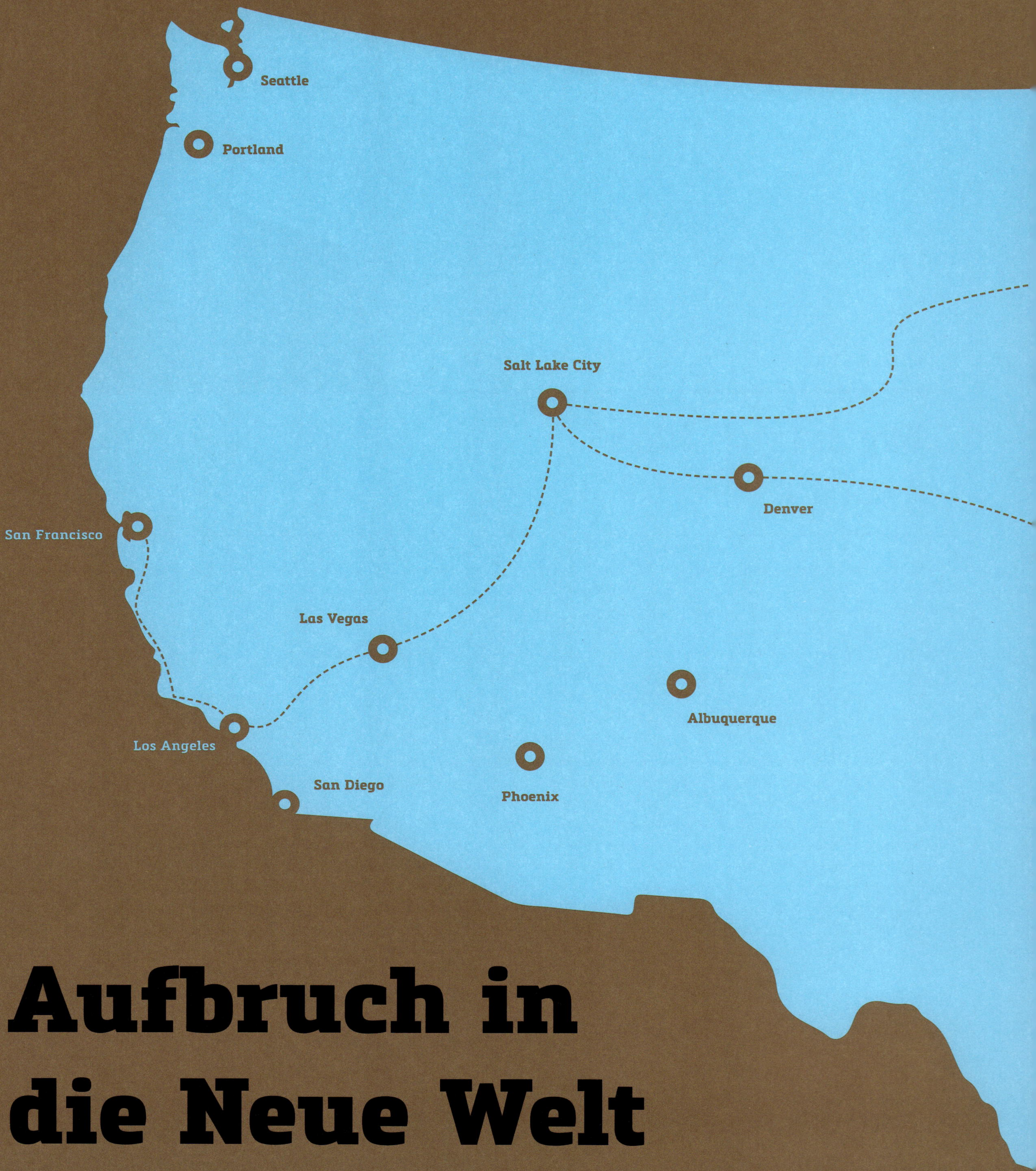

Aufbruch in die Neue Welt

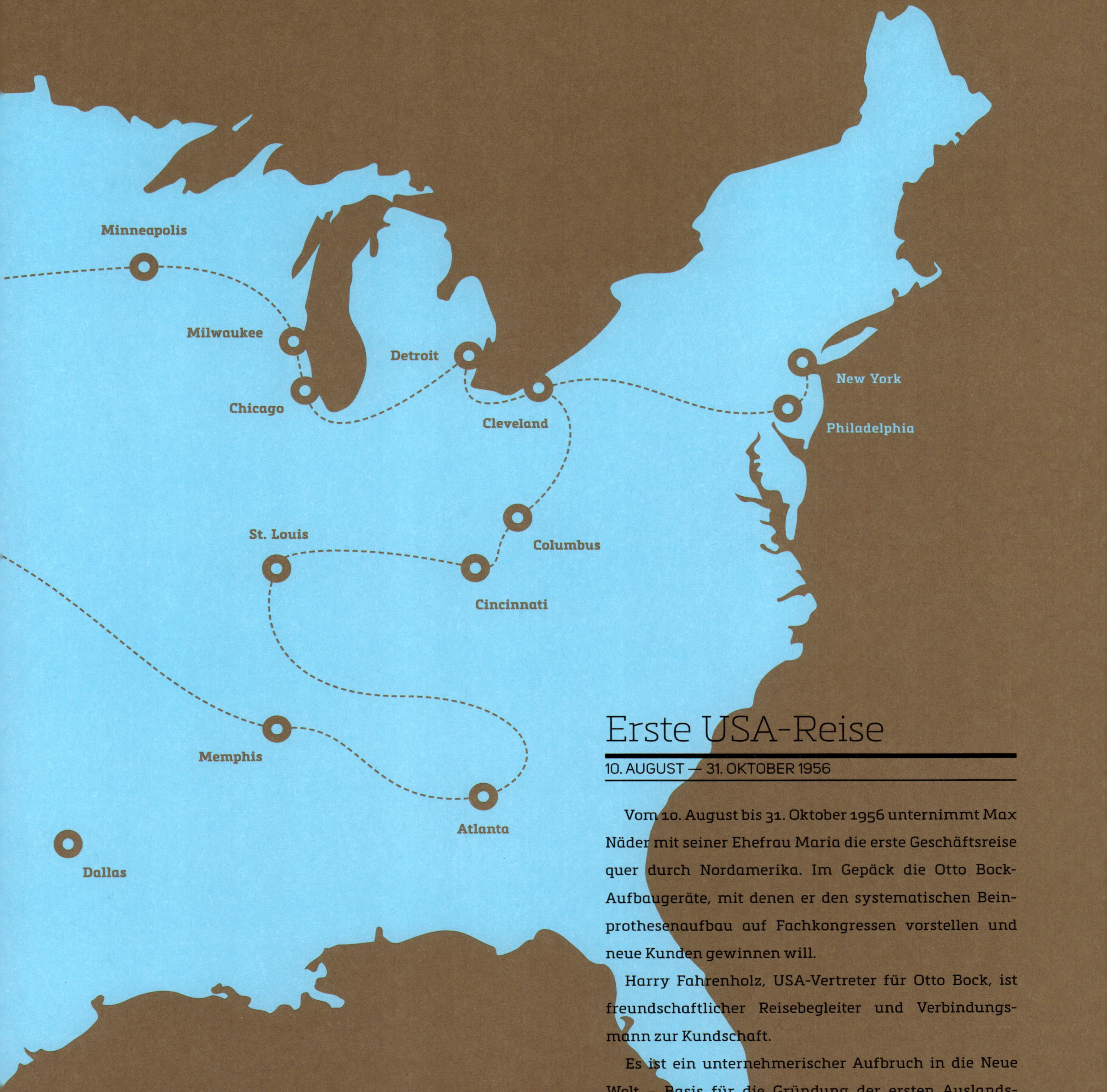

Erste USA-Reise

10. AUGUST — 31. OKTOBER 1956

Vom 10. August bis 31. Oktober 1956 unternimmt Max Näder mit seiner Ehefrau Maria die erste Geschäftsreise quer durch Nordamerika. Im Gepäck die Otto Bock-Aufbaugeräte, mit denen er den systematischen Beinprothesenaufbau auf Fachkongressen vorstellen und neue Kunden gewinnen will.

Harry Fahrenholz, USA-Vertreter für Otto Bock, ist freundschaftlicher Reisebegleiter und Verbindungsmann zur Kundschaft.

Es ist ein unternehmerischer Aufbruch in die Neue Welt – Basis für die Gründung der ersten Auslandsgesellschaft 1958 in Minneapolis/Minnesota.

In ihrem Reisetagebuch hat Maria Näder die geschäftlichen Aktivitäten und viele private Momente dieser wichtigen Reise festgehalten.

NEW YORK / 20. AUGUST 1956

» Blick auf Manhatten beim Einlaufen der „Berlin". «

BREMEN — NEW YORK / 13. AUGUST 1956

» Uns weckt strahlend blauer Himmel, aber starke Dünung. Max fühlt sich nicht wohl, nach dem Frühstück muss er opfern. Nach Tisch lotse ich Max unter Protest an die frische Luft, wo er Tee und Zwieback serviert bekommt. «

LAS VEGAS / 9. OKTOBER 1956

» Wir suchen uns eins der phantastischen Motels heraus. Wir bleiben nachmittags in dem Hotel-Swimmingpool und lassen uns von der Wüstensonne bestrahlen. «

SALT LAKE CITY / 8. OKTOBER 1956

» Es ist sehr heiß und die Fahrt in Harrys Cadillac ist sehr mühsam, da er von außen wohl groß ist, aber hinten wenig Platz für die Füße hat. Außerdem stinkt es entsetzlich nach Benzin, sodass wir alle abends Kopfschmerzen haben. «

MILWAUKEE / 6. SEPTEMBER 1956

» Diese Briefkästen in Form kleiner Blechtruhen auf einem Stecken sind ein typisches Bild auf der Landstraße. Der Postbote kommt per Auto und fährt die Briefkästen ab. Ein rotes Blechfähnchen, das je nach Bedarf hochgezogen wird, zeigt ihm, wo er Post mitnehmen muss. «

MINNEAPOLIS / 5. SEPTEMBER 1956

» Harry hat ein Essen in einem exklusiven Restaurant, genannt „Der Planwagen", arrangiert. «

UNTERWEGS / 27. AUGUST 1956

» Im Anhänger stehen die Kisten mit den Aufbauapparaten. «

NEW YORK / 30. OKTOBER 1956

» Glückliches Amerika, lebe wohl! Um ½ 6 Uhr startet unsere Super-Constellation der Lufthansa vom Idlewild-Flughafen. Unser Abschied von der Neuen Welt wird ein Abschied des Bedauerns, denn Amerika ist uns nahe gekommen und hat uns von Tag zu Tag mehr gefallen. «

SANTA MONICA / 13. OKTOBER 1956

» … und dann standen wir am Ozean und da blieb uns noch einmal der Mund offen stehen. Breiter Sandstrand, weit und breit keine Gelegenheit zum Umziehen und braungelbe Fluten, in die wahrscheinlich die ganzen Abwässer von Los Angeles hineinmünden. «

Familienbetrieb auf Wachstumskurs

Maria Hauff

In den 1960er Jahren stehen alle Zeichen auf Expansion. Max Näder wird Vater und baut eine neue Fabrik. Etliche Spatenstiche folgen. 1969 knüpft er an eine 50-jährige Firmentradition an. Familie, Fortbildung und Verantwortung für die Mitarbeiter werden groß geschrieben.

Familienzuwachs

1959 erwirbt die Seniorchefin Marie Bock ein Wohnhaus am Hindenburgring 39. Das stattliche Gebäude aus dem Jahr 1939 liegt auf einem 3.000 qm großen Grundstück mit parkähnlichem Garten und Swimmingpool. Der halbrunde Vorsprung der straßenseitigen Fassade macht es fast zu einem Abbild der Direktorenvilla in Königsee. Nach einer gründlichen Modernisierung 1960, teilweise in Händen der angesehenen Göttinger Architektin Lucy Hillebrand, zieht die ganze Familie von Halle 20 hierher an den nördlichen Stadtring. Im Parterre wohnen Familie Näder und Marie Bock, im ersten Stock Maria Näders Schwester Ursula Weppler mit ihren beiden Töchtern Uschi und Rosi.

Schon bald nach dem Umzug ins neue Domizil stellt sich Familiennachwuchs ein. Max Näder ist 46, seine Frau Maria 39, als die Geburt ihres Sohnes Hans Georg am 4. September 1961 ihr Leben komplett „umrührt", wie es Maria Näder ihren Freundinnen darstellt. Sie sei an sich reiselustig, werde aber nun häuslich und falle nach der letzten gemeinsamen Amerikareise 1959 aufgrund mütterlicher Pflichten vorerst als Dienstreisebegleitung ihres Mannes aus, heißt es in ihren Briefen.

Die ganze Hausgemeinschaft umsorgt den Familiennachwuchs. Oma Marie Bock wird allerdings ein Jahr nach Hans Georgs Geburt bettlägerig und stirbt im Juni 1964.

„Unser Kleiner vermisste seine Oma schmerzlich, so klein er war. Er fragte noch Wochen danach: „Wann kommt unsere Oma wieder, sie darf nicht beim Opa im Himmel bleiben, sie gehört uns."

Maria Näder beschreibt ihren Sohn als „sehr lieb, sehr fröhlich und von einem unbändigen Wissensdurst beseelt", mit fünf möchte sie ihn in den Kindergarten schicken, „damit er mehr unter Kinder kommt. Er kann hier nur mit einer kleinen Nachbarin spielen und braucht ein paar Jungs zum Durchboxen."

1966 übersiedelt Hans Georgs Großmutter väterlicherseits, Helene Rasch (22. August 1894–12. Juli 1988) mit ihrem zweiten Ehemann Franz Rasch (1891–1978) von Königsee nach Duderstadt und zieht in die Göttinger Straße 28. Sie sieht ihren Enkel heranwachsen, verfolgt seine Einschulung in die Evangelische Volksschule 1968, seine Konfirmation in der St. Servatiuskirche 1975, sein Abitur am Duderstädter Eichsfeld-Gymnasium 1981 und seinen Studienbeginn der Betriebswirtschaft in Nürnberg/Erlangen.

Der generationsübergreifende familiäre Zusammenhalt ist groß. Festliche Familienanlässe werden gemeinsam zelebriert, am liebsten zu Hause am Hindenburgring, dem unangefochtenen Rückzugsort ins Private. Hier steigen aber auch die großen Partys mit prominenten Gästen aus Politik und Wirtschaft. Für die Unternehmerfamilie ist es der Ort, an dem sich Firma und Privatleben überlagern. „Dreh- und Angelpunkt", so Hans Georg Näder rückblickend, „war immer der gedeckte Tisch, wo ich schon als kleiner Bengel erlebte, wie sehr die Firma den Takt der Familie bestimmt: Frühstück – Otto Bock – Mittagspause – Otto Bock – 24 Stunden, sieben Tage die Woche. Familie und Unternehmen sind eins."

Spatenstiche

Der Familiennachwuchs ist Ansporn für optimistische Zukunftspläne. Da sich der Mietvertrag für die Industriehallen 18 und 20 auf dem Euzenberg seitens der Eigentümerin, der Luftfahrt-Anlagen-Gesellschaft Hamburg, nicht in einen Kaufvertrag umändern lässt, entschließt sich Max Näder zu einem Fabrikneubau.

1961 erwirbt er städtische Grundstücksparzellen an der noch kaum bebauten Industriestraße, die im Rahmen

Max Näder in seinem Garten,
August 1961.

Max und Maria Näder
mit Sohn Hans Georg, 1965.

des Industrialisierungsprogramms der Stadt 1956 ausgebaut worden ist. In die Mitte des 17.000 qm großen Terrains lässt Näder zunächst eine Trafostation und ein Kesselhaus mit Schornstein setzen. Rechts und links davon entstehen die Anlagen der beiden großen Fabrikationsbereiche Kunststoff 1963 und Orthopädie 1965. Beim Inspizieren seiner Baustellen sieht man den Firmenchef oft mit seinem kleinen Sohn an der Hand. Auch als das Gatter eingeweiht wird und der erste Baumstamm mit dem Aufdruck 4. Januar 1965 eingefahren wird, ist Hans Georg dabei.

Trotz aufstrebender Geschäftsentwicklung ist der Fabrikneubau ein finanzieller Kraftakt. Denn gleichzeitig steckt Näder hohe Investitionen in innovative Forschung und Entwicklung.

Zudem ist ein stereotypes Bauen „von der Stange" nicht möglich. Die völlige Neuartigkeit der Produkte verlangt vielmehr hauseigene Sonderanfertigungen sowohl in der Fabrikarchitektur als auch im Bereich des Werkzeug- und Maschinenbaus. „In allem, was Näder an Betriebsanlagen bauen ließ", so erinnerte sich Adolf Stender, Leiter der Planungs- und Projektabteilung, „war er Vorreiter. Zum Beispiel die Blockanlage, in der man 120 m lange Schaumstoffblöcke herstellen konnte - so etwas gab es noch gar nicht, wurde von Otto Bock-Technikern entwickelt."

Auf 75.000 qm ist das Betriebsgelände ist angewachsen, als Max Näder 1969 mit dem Bau des sogenannten Verwaltungsgebäudes beginnt. Es soll darin ein Zentrum für Forschung und Entwicklung, Anwendungstechnik und Fortbildung entstehen, damit die regelmäßig veranstalteten Seminare, eine von Königsee übernommene Gepflogenheit, noch professioneller weitergeführt werden können. „Die Ausbildungsprogramme sind schon immer Bestandteil unserer Firma und werden es auch bleiben, solange im Hause entwickelt und geforscht wird. Wie sonst sollte Neues auf möglichst schnellem Wege dem Fach nahegebracht werden?" Max Näder kann seinen Anspruch untermauern: Von 1956 bis 1968 hat er bereits 72 Fachkurse veranstaltet, darunter fünf längere Fachseminare von einwöchiger Dauer. 2.918 Gäste an 250 Besuchstagen kamen bislang zum Erfahrungsaustausch. Mit den modernen Einrichtungen im neuen Gebäude, das 1971 bezugsfertig ist, wird Duderstadt nun erst recht zu einem Anziehungspunkt informationshungriger Orthopädietechniker aus aller Welt.

Genau wie sein Schwiegervater ist Max Näder ein leidenschaftlicher

» Dr. Näder hat das Unternehmen wie der Vater einer großen Familie geführt und hat immer ein offenes Ohr für Probleme seiner Mitarbeiter gehabt. «

Harry Wertz zum 80. Geburtstag Max Näders,1995

Referent und schreibt etliche Fachbeiträge. Eine Sonderstellung nehmen die ab 1987 erscheinenden Prothesen-Kompendien ein, zu verstehen als didaktisch konzipierte Nachschlagewerke zu den Versorgungsmöglichkeiten von Amputierten der unteren und oberen Extremität, getextet von Lothar Milde, der von 1983 bis 2008 der Geschäftsführung als fachlicher Berater zur Seite steht. In der Absicht der Herausgeber Max und später Hans Georg Näder erleichtern die Kompendien die Verständigung zwischen Arzt, Orthopädietechniker und Patient.

Der erste Spatenstich in der Industriestraße 1963 ist nur der Auftakt zu einer intensiven und kontinuierlichen Bautätigkeit. Etliche Erweiterungsbauten in zeitlich kurzen Abständen – 1972, 1973, 1975, 1976, 1977, 1978, 1982/83, 1984, 1985, 1986, 1987/88, 1989 und anschließend in ähnlich dichter Abfolge unter Hans Georg Näder – lassen den Duderstädter Firmensitz zu einem großräumigen Industriekomplex anwachsen. Jüngster Neubau ist das 2014 eröffnete Werk II für den Bereich Schaftkomfort.

Die Firma feiert

Das Richtfest des Verwaltungsgebäudes fällt mit dem 50-jährigen Jubiläum der 1919 gegründeten Orthopädischen Industrie zusammen.

Am 25. September 1969 flattern - ganz im Zeichen des neuen Kunststoffzeitalters - bunte Moltoprenbänder am Richtkranz. Im Westeröder Gasthaus Kellner wird der Richtschmaus gereicht: „Eisbein, leicht angebraten, mit Sauerkraut und Erbspüree."

Zum Doppelfest spendiert der Firmenchef einen arbeitsfreien Tag der offenen Tür, an dem die Mitarbeiter Gelegenheit haben, sich mit ihren Angehörigen ausgiebig im Betrieb umzuschauen. „Das Kinderprogramm mit Karussell und Ponyreiten, Getränken und Würstchen wird von meiner Frau gestaltet", schreibt Näder in die Einladung.

Die Tagespresse überschlägt sich zum Jubiläumsanlass mit Lob für den Unternehmer und rechnet vor, dass er inzwischen 500 Mitarbeiter beschäftigt, die monatlich 25.000 Passteile und 12.000 Prothesen im Jahr produzieren.

Beim Festakt im Duderstädter Rathaus wird Max Näder mit dem Ehrenring in Gold für besondere Verdienste um die Wirtschaftsentwicklung der Stadt geehrt. In seiner Dankesrede

1971 ist der Neubau des Verwaltungsgebäudes bezugsfertig und prägt nun mit seiner hellen, fast 90 m langen Fassade die straßenseitige Ansicht des Firmenkomplexes. Ebenfalls neu ist der 55 m hohe Schornstein, der 1969 an die Stelle eines kleineren getreten ist.
Rechts: die Unternehmerfamilie beim Richtfest am 25. September 1969.

nehmen Worte zu Otto Bock und zur 50-jährigen Geschichte der O.I. großen Raum ein. Mit seinem Schwiegervater Otto Bock verbinde ihn das gleiche Ziel, „damals noch Pioniergeist, heute selbstverständlich: Serienfertigung in höchster Qualität.“ Auch betont Näder: „Wir sind kein vom Ausland finanzierter Betrieb. Wir sind kein von einer Finanzgruppe finanzierter Betrieb. Wir sind ein Familienbetrieb. Das, was entstanden ist, haben wir mit Hilfe unserer Mitarbeiter nur aus eigenen Mitteln geschafft.“

Diesen gilt dann auch die abendliche Festveranstaltung im Schützenhaus. Als Höhepunkt verkündet Max Näder eine betriebliche Unterstützungseinrichtung für pensionierte und in Not geratene Betriebsangehörige. Sie sollen sich mit einem laufenden Zuschuss zu ihrer Sozialrente einen „schönen Lebensabend“ machen. Auch damit knüpft er an eine Tradition aus Königsee an und demonstriert seine Maxime: Gemeinsame Arbeit – gemeinsamer Erfolg. Dass Max Näder seinen Dank für das Erreichte an seine Mitarbeiter weitergibt und soziale Verantwortung übernimmt, entspricht dem Wertesystem seiner Unternehmensführung. Sein Sohn Hans Georg bringt es auf den Punkt: „Dein Unternehmen ist Deine Familie“.

Generationsübergreifende Passion:
Max Näder 1964, Sohn Hans Georg 1976.

Max Näder auf den Gleisen, vor ihm seine Baustelle. Hier sollen die neuen Fabrikanlagen entstehen, zunächst 1963 für die Kunststoffproduktion, anschließend 1965 für die Orthopädiesparte. Im Hintergrund die Türme Duderstadts.

Dr.-Ing. E.h. Max Näder, Kapitän der technischen Orthopädie

Kurt Pohlig

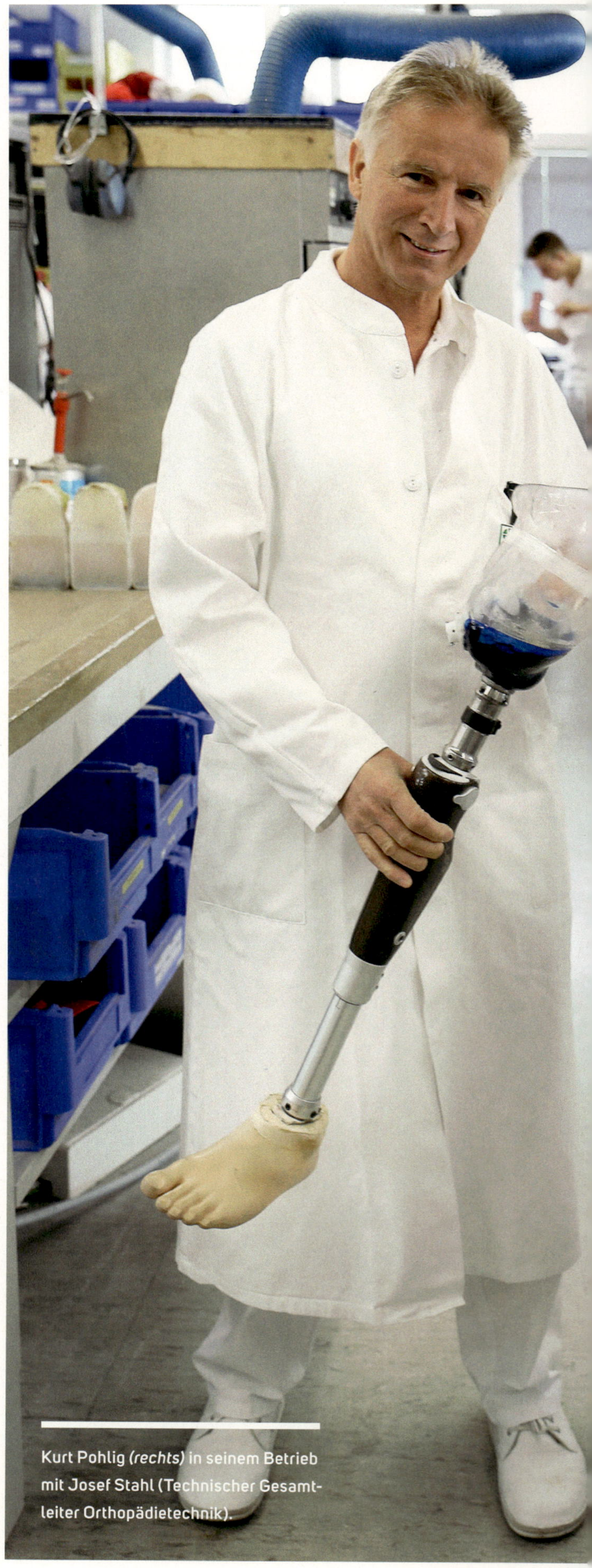

Kurt Pohlig *(rechts)* in seinem Betrieb mit Josef Stahl (Technischer Gesamtleiter Orthopädietechnik).

Am 24. Juni 1915 in die Wirren des Ersten Weltkrieges hineingeboren, war es Max Näder, in der Rückschau betrachtet, in die Wiege gelegt, sein Leben einem Werk zu widmen, das zu allererst Kriegsversehrten zugutekam. Er war ein Knirps von vier Jahren, als sein späterer Schwiegervater, Otto Bock, in Berlin seine "Orthopädische Industrie GmbH" gründete, die er wenig später in seine Heimat Königsee in Thüringen verlegte. Max Näder trat im Jahr 1935 in Otto Bocks Unternehmen ein und arbeitete dort als Industriekaufmann, aber auch als Orthopädiemechaniker. Im Jahr 1943 heiratete er Maria, die Tochter von Otto Bock.

Wie Otto Bock, der Anfang der 40er Jahre des vergangenen Jahrhunderts zunehmend Passteile aus Holz in den prothetischen Versorgungsprozess einführte, weil dieser Werkstoff mehr Präzision beim Aufbau von Beinprothesen ermöglichte als das bislang vorwiegend angewandte Schienen-Leder-System, wirkten auch Max Näder und seine Mitarbeiter als Pioniere, die das Handwerk mit Innovationskraft und Weitblick durch mehrfachen Paradigmenwechsel vorangebracht haben. Oft stießen sie dort zunächst auf Skepsis und Widerstand, doch immer wieder wussten sie mit ihrer Arbeit zu überzeugen.

Zunehmend berücksichtigten sie bei den Beinprothesen die Möglichkeiten des definierten Lotaufbaus, des statischen Aufbaus, der den Körper ins Gleichgewicht bringt. Durch dreidimensionales Ausrichten am amputierten Patienten konnten die einzelnen Passteile, Fuß, Knie und Oberschaft, getrennt justiert werden. Damit entsprach das „Kunstbein" noch stärker den individuellen Voraussetzungen des Patienten und half, den Körper sicher zu tragen, auszubalancieren und fortzubewegen. Die industrielle Komponente der Orthopädietechnik, die das Haus Otto Bock schuf, bedeutete also keineswegs eine Standardisierung per se, sondern große Unterstützung auf dem Wege, die von Patient zu Patient unterschiedliche Gelenkkette vom Fußauftritt über Knöchel und Knie bis hin zur Hüfte in Gleichklang zu bringen.

Etwa ab 1950 fing Otto Bocks Unternehmen an, Kunststoffe zum Einsatz zu bringen, doch sollte geraume Zeit vergehen bis zur breiten Akzeptanz dieser Materialien, die heute routinemäßig verwendet werden und aus dem orthopädietechnischen Alltag nicht mehr wegzudenken sind. Noch mehr forderte eine neue Systematik, nämlich die Modulartechnik, damals noch Rohrskeletttechnik genannt, von Max Näder und seiner Mannschaft Ende der sechziger Jahre enorme Überzeugungskraft. Sie sollte die Ära der Holzprothesen ablösen. Obwohl das Unternehmen Otto Bock auf skeptische Fragen stets handfeste Argumente lieferte, zog das Handwerk nur zögerlich nach. Doch Jahre später machte Otto Bock das einst Revolutionäre zum Standard und öffnete die Wege für C-Leg und Genium, um nur zwei aktuelle Beinprothesensysteme aus der großen Palette zu nennen.

Ich war siebzehn und Lehrling in der kleinen orthopädietechnischen Werkstätte meines Onkels Otto Pohlig in Bad Reichenhall, als es zu den ersten persönlichen Kontakten kam. Otto Saul, seinerzeit Außendienstmitarbeiter des Unternehmens Otto Bock, besuchte die Werkstätte regelmäßig. Ein- bis zweimal pro Jahr begleitete ihn Max Näder. Als Neffe und potentieller Nachfolger bei Pohlig in Traunstein wurde ich ihm vorgestellt und war voller Respekt und Bewunderung für seine beeindruckende Persönlichkeit, seine ausgesuchte Höflichkeit, die gewählte Ausdrucksweise, aber auch für die sympathische Art, sich die Sorgen des orthopädietechnischen Handwerks zu den eigenen zu machen.

Als ich viele Jahre später Juniorchef im Betrieb in Traunstein wurde, besuchte Max Näder auch mich, was ich als große Ehre empfand. Dabei ergab es sich, dass ich meine Liebe zur Seefahrt erwähnte. „Das ist auch meine große Leidenschaft", verriet Max Näder spontan. Ein Lächeln huschte über sein Gesicht.

Fortan begann jedes Zusammentreffen mit freudigem Geplauder zum Thema Boot und Skipperei. Noch mehr als bisher hoffte ich nun auf Begegnungen und sah solchen Ereignissen mit großer Freude entgegen. Auch war ich stolz, dass der dreißig Jahre Ältere die Entwicklung der Firma Pohlig mit Wohlwollen betrachtete und angetan war von unserer Aufgeschlossenheit für fortschrittliche Methoden sowie von der Philosophie, die Qualitätsorientierung über den Preis zu stellen. Alsbald wurde mir bewusst, wie sehr unsere Werkstatt von seiner Arbeit profitieren konnte.

In den 60er Jahren sorgte wieder ein Meilenstein in Max Näders unternehmerischem Wirken für Aufmerksamkeit: die Verwertung der Muskelaktionsströme für myoelektrische Armprothesen. Sie wurden 1971 als Myobock-System für die Versorgung zugelassen. 1985 verlieh ihm die Technische Universität Berlin die Ehrendoktorwürde.

Dr.-Ing. Max Näder förderte das Handwerk auf mehrfache Weise. Er setzte sich für dessen Berufspolitik ein, und die Werkstätten zogen mit. Besonders bei meinen späteren Tätigkeiten im Vorstand und im Wirtschaftsausschuss des Bundesinnungsverbandes für Orthopädie-Technik wurde ich immer wieder Zeuge der großzügigen Unterstützungsleistungen: beispielsweise für den gemeinnützigen Förderverein der Bundesfachschule für Orthopädietechnik bei dessen Ringen um ein hohes Ausbildungsniveau und staatlich anerkannte Berufsabschlüsse. Referenten aus dem Hause Otto Bock trugen unentgeltlich zu den Fortbildungsveranstaltungen bei. Fachliche Probleme, aber auch innovative Ideen wurden gemeinsam diskutiert und interdisziplinäre Lösungen erarbeitet, zum Wohle der uns anvertrauten Patienten. Max Näder bot im Rahmen der Schulungen aller Art für die Mitarbeiter der Werkstätten immer einen besonderen Rat an, sei es bei der Einführung der Gießharztechnik, der Justierung hydraulisch gesteuerter Knie- und Fußgelenke oder in der Myoelektrik. Dabei vermittelten Max Näder und seine Mitarbeiter nicht nur Fachwissen, sondern auch seine Unternehmenskultur der besonderen Wertschätzung. Bis heute ist bei Pohlig-Mitarbeitern der älteren Generation unvergessen, dass der Otto Bock-Chef alle Kursteilnehmer per Handschlag begrüßte und seine Empfehlung an zu Hause bestellen ließ.

Im Jahr 1961 wurde sein Sohn Hans Georg geboren. Der Vater übertrug ihm bereits 1990 die Geschäftsführung. Hans Georg erwies sich, entgegen so mancher Unkenrufe aus dem Handwerk, schnell als kompetenter Nachfolger in der Dynastie des Familienunternehmens.

Meine persönliche Verbundenheit zu Max Näder ging auch auf Hans Georg über, der übrigens die nautischen Leidenschaften seines Vaters teilt und pflegt und Duderstadt nach wie vor seinen „Heimathafen" nennt, obwohl er sich inzwischen auch in Berlin niedergelassen hat. Selbst in der unternehmenseigenen Architektur schlägt sich das Hobby der Familie nieder: Die meisten mir bekannten, zur Firma gehörigen Gebäude tragen charakteristische Elemente von Schiffen, so auch der Ausbau des Max Näder Hauses, des einstigen persönlichen Lebensmittelpunktes der Familie, das zu Max Näders 100. Geburtstag am 24. Juni 2015 in seiner neuen Funktion eingeweiht wird.

Ottobock Fotowerbung "Lifestyle" zum mikroprozessorgesteuerten Kniegelenksystem C-Leg in Berlin, 2008.

In Professor Hans Georg Näder hat das Familienunternehmen einen exzellenten geschäftsführenden Gesellschafter gefunden, der, wie sein Vater, vom Pioniergeist getrieben wird und das Werk seiner Vorfahren konsequent weiter ausbaut. Unter seiner Regie kam es 1997 zu einer weiteren bahnbrechenden Neuerung in der Orthopädietechnik: dem C-Leg, dem ersten elektronisch gesteuerten, computergestützten Kniegelenk. Damit hielt die Chiptechnologie Einzug in die Prothetik. Das „intelligente", mit Mikroprozessoren ausgestattete Kniegelenk regelt die Schwungphase in Abhängigkeit von der Schrittlänge und -frequenz. Es reagiert auf Veränderungen des Untergrundes blitzschnell, bietet mehr Sicherheit auf schiefen Ebenen und ermöglicht ein harmonischeres Gangbild. Damit lässt sich die Belastung des gesamten Skeletts und somit der, normalerweise stark erhöhte, Energiebedarf des Prothesenträgers mildern.

Professor Näder hält die Firmentradition hoch: Im Jahr 1991 kaufte er den Standort Königsee zurück, der 1948 durch das damalige Regime enteignet wurde, und gliederte ihn perfekt ins Unternehmen ein. Und weiter wird an wegweisenden Entwicklungen gearbeitet, wie das Genium Beinprothesensystem, die Michelangelo Hand und das mechatronische exoskelettale C-Brace Orthesensystem zeigen.

Nachdenklich machen mich manchmal die Parallelen zwischen Ottobock und Pohlig, wenngleich sich unser Handwerksbetrieb mit den Dimensionen des Weltunternehmens bei weitem nicht messen kann und will: Fast zur gleichen Zeit gründeten zwei Ottos, unsere Großväter Otto Bock und Otto Pohlig, ihre Unternehmen. Beide Ottos kamen aus dem Handwerk. In beiden Unternehmen ist bis heute die dritte, bei Pohlig sogar die vierte, Generation maßgeblich tätig. Sie haben sich den gleichen Zielen und Idealen verschrieben, nämlich Asymmetrien so weit wie möglich in Symmetrien zu überführen; Menschen zum Gehen und Greifen zu bringen; Mobilität und Lebensqualität von Menschen mit Handicap zu verbessern. Beide Unternehmen haben die Folgen zweier Weltkriege überstanden und Phasen großer Not bewältigt. Beide haben in der Zeit der Revolutionswirrnisse 1920 die großen Städte verlassen. Otto Bock ging von Berlin nach Königsee und für Otto Pohlig mögen blutige Unruhen speziell im Münchner Stadtteil Giesing, wo er und seine junge Familie sich niedergelassen hatten, zumindest ein Grund gewesen sein, nach Traunstein zu ziehen.

Otto Bock hatte, ein Vierteljahrhundert später, einen besonders schweren Schlag zu verkraften, durch die Enteignung am Standort Königsee. Eine Reihe von orthopädietechnischen Werkstätten, darunter auch Pohlig, hat damals den Wiederaufbau in Duderstadt mit Krediten unterstützt. Das Handwerk ahnte, was es an Ottobock hatte und haben würde, und der Benefit kam mannigfach zurück.

Dass Ottobock und Pohlig im Jahr 2013 eine strategische Partnerschaft eingingen und seither in besonderer Kooperation zusammenarbeiten, erfüllt mich mit Stolz und Freude. Beide Seiten wollen mit diesem Schritt die Orthopädietechnik in Deutschland nachhaltig stärken und den gemeinsamen Zielen zum Wohle der Patienten neue Impulse verleihen.

Ich wünsche dem Weltunternehmen Ottobock weiterhin Wachstum und Gedeihen. Es möge weiterhin so vortrefflich gelingen, die Lebensqualität unserer behinderten Mitmenschen zu fördern. Das partnerschaftliche Miteinander von orthopädischer Industrie und orthopädietechnischem Handwerk bildet das Fundament, gemäß dem Leitsatz von Ottobock: Der Mensch steht im Mittelpunkt!

Mit einem persönlichen Wunsch an Hans Georg Näder, mit dem mich eine jahrzehntelange Freundschaft verbindet, möchte ich schließen: Es möge Dir gelingen, lieber Hans Georg, das Flaggschiff Ottobock weiterhin im Sinne Deines Vaters, in so hervorragender Weise, ohne Havarie durch die tosenden Wogen des oft rauen Alltags zu steuern.

Ich wünsche Dir und Ottobock stets eine Handbreit Wasser unter dem Kiel!

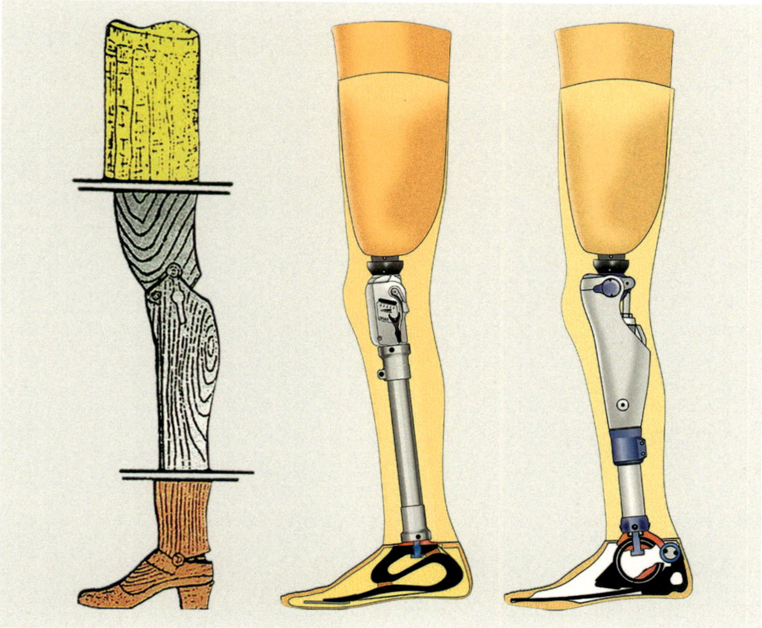

Meilensteine der Beinprothetik in drei Firmengenerationen: Passteil-Holzprothese *(1930er Jahre)*, Modularprothese *(1969)* und mikroprozessorgesteuertes C-Leg® *(1997)*.

Kurt Pohlig (Jahrgang 1945), Ausbildung in der Orthopädietechnik, Meisterprüfung, ab 1981 Inhaber der Pohlig GmbH/Geschäftsführender Gesellschafter, 1990–1996 Vizepräsident des Bundesinnungsverbandes für Orthopädie-Technik e.V., seit 2013 Anteilsgesellschafter und Beirat der Pohlig GmbH

Max Näder bei einer Myoelektrik-Fortbildung für Versorgungsärzte 1972. Er ist ein leidenschaftlicher Referent, wenn es darum geht, orthopädietechnisches Know-how zu vermitteln.

Mit Innovationen an die Weltspitze

1965–1989
Myoelektrik, Modular-System, ereignisreiches 1985, Grenzöffnung

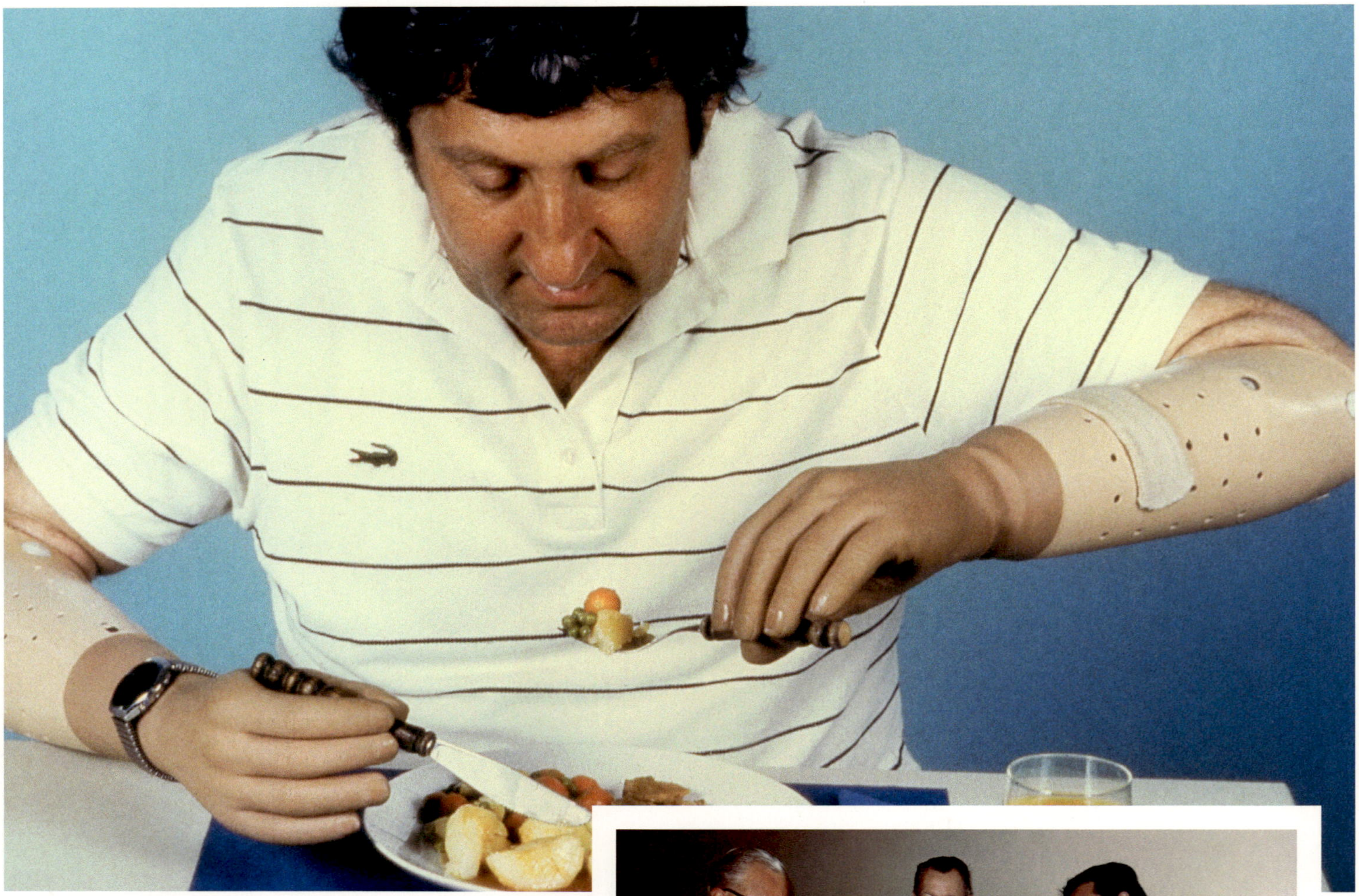

Ein überzeugendes Versorgungsergebnis mit myoelektrischen Unterarm-Prothesen: Dieser doppelseitig Unterarm-Amputierte ist mit seinen Prothesen voll integriert, fährt Auto und führt handwerkliche Arbeiten aus.

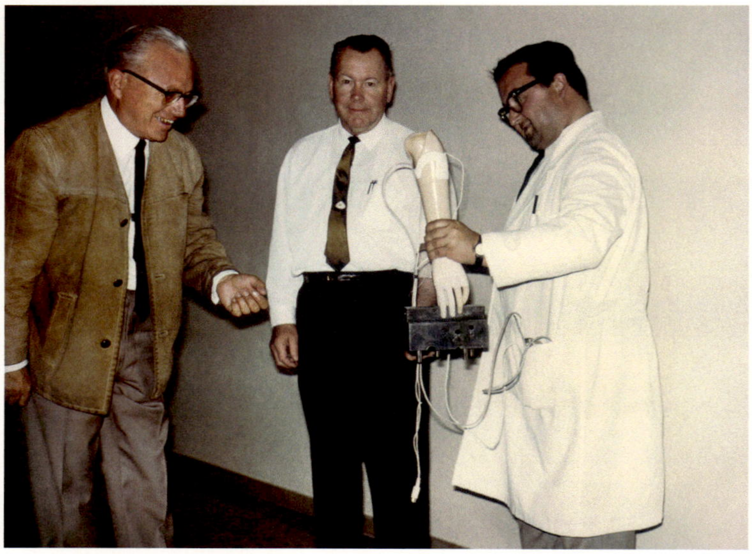

Prof. Hannes Schmidl *(rechts)* erklärt Max Näder und John Hendrickson das System der myoelektrischen Armprothesen.

Humanisierung von Prothesen

Lothar Milde

Bis weit in die 1960er Jahre stehen Funktion und Haltbarkeit bei Passteilen und Materialien im Vordergrund. Unter dem neuen Stichwort „Humanisierung von Prothesen" geht Max Näder auf die Wünsche der Betroffenen nach natürlichem Aussehen und hohem Tragekomfort ein.

Der Mensch im Mittelpunkt

„Im Grunde sind es doch die Verbindungen mit Menschen, die dem Leben seinen Wert geben", resümiert der Universalgelehrte Wilhelm von Humboldt am Ende seines ereignisreichen Lebens. Mit diesem Zitat lässt sich auch der Lebensweg unseres Jubilars Dr.-Ing. E.h. Max Näder passend kommentieren, der mit seinen technischen Entwicklungen die moderne Prothetik weltweit geprägt hat. Sein Zusammentreffen mit Otto Bock in den 1930er Jahren ist der primäre Auslöser für seinen beruflichen Weg in die Orthopädietechnik.

Max Näder zählt wie sein Schwiegervater Otto Bock zu den Pionieren der Orthopädietechnik des 20. Jahrhunderts. Stets stellt er den Menschen in den Mittelpunkt aller Bemühungen und orientiert sich an den Erfordernissen und Wünschen der Betroffenen.

Sein untrügliches Gespür für den entscheidenden Augenblick bei den Begegnungen mit ganz unterschiedlichen Menschen ist wohl ein wesentlicher Faktor seiner einzigartigen Erfolgsgeschichte. Er versteht es, persönliche Eigenheiten und fachliche Aspekte seiner Gesprächspartner klar zu erkennen und sie mit eigenen Vorschlägen für gemeinsame Zielsetzungen zu überzeugen. Entscheidende Entwicklungen und erfolgreiche Innovationen aufgrund persönlicher Kontakte werden angestoßen. Mit seinem glaubwürdigen Engagement, seiner absoluten Überzeugungskraft und seinem unverwüstlichen Optimismus ist er fünf Jahrzehnte der beste Botschafter seines Familienunternehmens. Ihm ist die Rehabilitation Lebensaufgabe und Herzensangelegenheit zugleich – somit ist er ein Vorbild für die gesamte Orthopädietechnik.

Solide Technik ist gefragt

Bis in die 1960er Jahre dominiert die Versorgung der Versehrten beider Weltkriege die Prothesentechnik. Das gilt für Passteile und Materialien ebenso wie für Arbeitstechnik im Alltag einer Orthopädiewerkstatt. Passform, Funktion und Stabilität durch möglichst robuste Ausführungen haben oberste Priorität bei den Konstruktionen, die von den Orthopädischen Versorgungsstellen begutachtet werden. Die praxisgerechte Beinprothese muss vor allem alltagstauglich für die berufliche Eingliederung sein.

Das Verhältnis zwischen den kriegsamputierten Patienten und dem versorgenden Orthopädiemechaniker ist offen und kameradschaftlich, rau aber herzlich. Über Gewichtsersparnisse oder kosmetisches Aussehen machen sich beide Seiten wenig Gedanken. Solide Technik und einfach durchzuführende Reparaturen bei den Passteilen der Industrie sind gefragt. So dauert es einige Zeit, bis sich die von Max Näder in den 1950er Jahren eingeführten Otto Bock-Prothesenfüße aus dem Polyurethanschaum PEDILAN®, z.B.

der SACH-Fuß, durchsetzen. Mit dem PEDILEN®-Hartschaum als Holzersatz eröffnen die Otto Bock-Anwendungstechniker neue Arbeitsmethoden für Prothesen in Schalenbauweise, die in Otto Bock-Seminaren vermittelt werden, ein wichtiger Schritt zur Einführung der Gießharztechnik für Arm- und Beinprothesen.

Der junge Unternehmer – innovativ, mutig, interdisziplinär

Max Näder erlebt als junger Orthopädiemechaniker die Versorgung von Kriegsamputierten des Ersten Weltkrieges bei seinem späteren Schwiegervater Otto Bock hautnah mit. Die Nachkriegszeit im geteilten Deutschland bedeutet für das junge Ehepaar Näder heute kaum vorstellbare persönliche und betriebliche Herausforderungen und verlangt mutiges Handeln.

Seit Beginn der 1950er Jahre legen neue Entwicklungen und betriebliche Entscheidungen die Basis für den weltweiten Erfolg. Praxisgerechte Innovationen für patientenorientierte Versorgungen überzeugen die Betroffenen und den Hilfsmittel anfertigenden Orthopädiemechaniker ebenso wie die verordnenden Mediziner und die zuständigen Kostenträger. Max Näder versteht es, den latenten Interessenkonflikt zwischen der Orthopädietechnik-Branche – Leistungserbringer sagt man heute – und den verschiedenen Institutionen der Verordner und Hilfsmittelerstatter durch interdisziplinäre Informationen zu überbrücken. Er überzeugt durch innovative Entwicklungen seines Hauses, die für den praxisgerechten Einsatz am Patienten konzipiert sind und die Lebensqualität der Betroffenen verbessern sollen.

Ein Musterbeispiel für frühes interdisziplinäres Wirken ist die enge Zusammenarbeit mit der Orthopädischen Universitätsklinik Heidelberg Anfang der 1960er Jahre bei der Entwicklung pneumatischer Armpassteile.

In der Firmen- und Familienbiografie „Bewegte Zeiten“ schreibt Prof. Dr. med. E. Marquardt in seinem Vorwort: „Meine intensive Zusammenarbeit mit Max Näder begann Anfang der 60er Jahre mit der prothetischen Versorgung armloser sogenannter Contergan-Kinder. Die Öffentlichkeit, die Medien, die Parteien, die Regierung und damals auch die Eltern der ohne Arme geborenen Kinder erhofften sich von noch zu entwickelnden Ganzarm-Prothesen die entscheidende Hilfe im täglichen Leben und später auch in Schule und Beruf [...] Max Näder erkannte sofort die Notwendigkeit gut steuerbarer Servomotoren [...] Für die Firma Otto Bock ging es um die industrielle Fertigung und Weiterentwicklung pneumatisch betriebener Armpassteile, mehr noch: um Menschlichkeit [...] Durch den Einstieg der Firma Otto Bock wurde die Fremdkraft-Prothetik zu einem festen Bestandteil der orthopädietechnischen Versorgung.“

Interessant für den Leser, dass die damaligen Protagonisten sich 2006/07 zu „Contergan-Sitzungen“ in Duderstadt zum Meinungsaustausch treffen und über die Erfahrungen mit Armprothesen-Versorgungen der vergangenen Jahrzehnte diskutieren. Als Gastgeber erinnert Dr. Näder an die Wünsche und Anforderungen der Betroffenen und die Auswirkungen auf seine Prothesen-Entwicklungen.

Dezember 1970

gestern-heute-morgen

ir waren nicht die ersten, die 1948 in München das Prinzip
r myoelektrischen Steuerung erfunden haben.

er OTTO BOCK hat das erste myoelektrische Baukasten-
stem für Armprothesen entwickelt und industriell produziert.
s perfektionierteste der Welt:

iniaturisierte Elektroden. Mit Einbau-Akku keine Kabel außer-
lb des Schaftes. Zeitproportionale Griffkraft 1,5 bis 10/14 kp.
ohe Schließgeschwindigkeit. Große Öffnungsweite 100 mm.
nsichtbarer, in die Hand integrierter On-Off-Schalter. Prak-
ch nicht hörbarer Lauf . . .
eute und morgen ein Höchstmaß an Tragekomfort.–

nd trotzdem werden wir die ersten sein, die eines Tages einen
chsten Entwicklungsschritt machen, wenn wir etwas Besseres
r Rehabilitation von Körperbehinderten erforscht und ent-
ckelt haben. Die Wege sind bereits aufgezeigt.

eute freuen wir uns erst einmal, daß wir das MYOBOCK-
stem prompt liefern können. Trotz steigender Nachfrage

Anzeige in der Orthopädie-Technik Dezember 1970. Otto Bock belegt seit Jahrzehnten die vierte Umschlagseite der offiziellen Fachzeitschrift der Branche.

„Will man die Problematik des prothetischen Ersatzes an der oberen Extremität annähernd erfassen, muss man die Einzigartigkeit der menschlichen Hand betrachten. Sie ist viel mehr als ein sensibles, funktionelles Greiforgan in vollendeter Gestalt, sie ist ein wahres Wunderwerk. Seit Jahrhunderten beschäftigen sich Philosophen und Künstler ebenso mit der Hand wie Mediziner und Techniker. Schon immer hat es Erfinder und Konstrukteure herausgefordert, die verlorene Hand mechanisch nachzubilden. Bei allem technischen Fortschritt wird auch die aufwendigste Kunsthand nie etwas anderes sein können als ein bescheidener Ersatz. Dieses Mindestmaß an Demut sollte allen Entwicklungskonzeptionen vorangestellt sein.“ Als Max Näder 1984 sich in einer Veröffentlichung so zurückhaltend äußert, kann er nach fast zwei Jahrzehnten intensiver Entwicklungsarbeit mit hohen Investitionen auf ein weltweit erfolgreiches MYOBOCK®-System zurückblicken.

Myoelektrisch gesteuerte Armprothesen haben sich in unzähligen Patientenversorgungen bewährt und bestimmen den Stand der Technik. Das Zitat zeigt seine menschliche Größe

Der Firmenchef am Schreibtisch seines Büros in der Unternehmenszentrale in Duderstadt, 1980.

und Bescheidenheit und unterstreicht genauso sein Engagement für technische Innovationen.

Entwicklung der myoelektrischen Armprothesen

Myoelektrisch gesteuerte Armprothesen sind Fremdkraftprothesen, deren elektromechanische Komponenten durch elektrische Energie bewegt werden. Ihre Steuerung erfolgt über Muskelaktionspotenziale des Stumpfes. Aus dem griechischen „mys" für Muskel ist die Bezeichnung „myoelektrisch" abgeleitet worden. Bei der Kontraktion der Stumpfmuskulatur lässt sich auf der Hautoberfläche eine elektrische Spannung im Mikro-Voltbereich (1 Millionstel Volt) messen. Die körpereigenen Potenziale werden von Elektroden abgenommen, verstärkt und als Schaltimpulse an Elektromotoren weitergeleitet. Öffnen, Schließen und Drehen der Elektrohand und die Funktionen des Ellbogengelenkes sind so durch den Amputierten gezielt und ohne Kraftanstrengung anzusteuern. Als Energiequelle dient ein Akku, den der Prothesenträger aufladen kann.

Ins Blickfeld der Öffentlichkeit gerät diese neue Prothesentechnik bei der Weltausstellung 1959 in Brüssel. An der Bundesfachschule für Orthopädie-Technik in Frankfurt demonstriert 1965 Prof. Hannes Schmidl von der I.N.A.I.L. (Istituto Nazionale per l'Assicurazione contro gli Infortuni sul Lavoro/Italienische Berufsgenossenschaft), Budrio/Italien, die erste brauchbare myoelektrische Unterarmprothese. Hannes Schmidl (1932–1996) und Max Näder verbindet eine langjährige familiäre und fach-

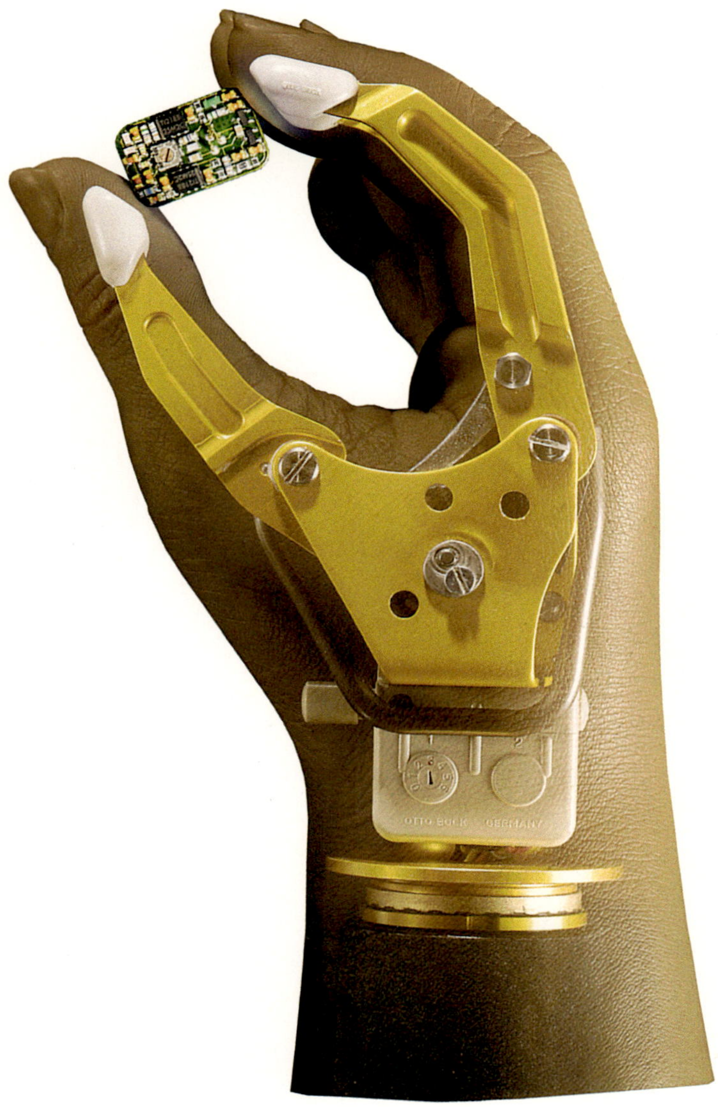

Die weltweit erfolgreichste Prothesenhand-Konstruktion: Die Otto Bock System-Elektrohand.

liche Freundschaft. Mit der 1965 vorgestellten ersten Otto Bock System-Elektrohand beginnt eine intensive gemeinsame Forschungs- und Entwicklungsarbeit.

In mehreren Versuchsreihen werden die Elektrohände kontinuierlich weiter entwickelt und für unterschiedliche Steuersysteme eingesetzt. Parallel läuft die Entwicklung eines hauseigenen Steuersystems für den praxisgerechten Einsatz. 1967 stellt Max Näder die neu konstruierte Otto Bock System-Elektrohand Z6 mit integrierter Steuerelektronik und die dazugehörigen aktiven Elektroden vor. Ende der 60er Jahre steht der Orthopädietechnik ein komplettes leistungsfähiges System zur Verfügung.

Eine der wichtigsten Besuchergruppen jeden Jahres: Der Meisterkurs der Bundesfachschule für Orthopädie. Technik, damals Frankfurt/M., informiert sich über neueste Technologien und Innovationen.

1971 wird nach Abschluss der staatlichen Prüfungen das System MYOBOCK® in das allgemeine Versorgungswesen in Deutschland eingeführt. In Fortbildungsseminaren stellen Max Näder und sein Team diese zukunftsweisende Innovation den Versorgungsärzten vor. Als Voraussetzung für den Einsatz myoelektrischer Unterarm-Prothesen müssen die Orthopädiemechaniker ein Myo-Seminar bei Otto Bock besuchen, das mit dem Bundesinnungsverband für Orthopädie-Technik und den Kostenträgern abgestimmt ist. In Vorträgen und Veröffentlichungen stellt Max Näder den jeweiligen Stand der Technik und die entsprechenden Patientenversorgungen dar. Praxistauglichkeit und Akzeptanz aller Beteiligten sind der Beweis für die richtig gewählte Konzeption. Max Näder und seine Entwicklungsgruppe haben ein mechatronisches System geschaffen, das Unterarm-Amputierten eine funktionelle und gleichzeitig kosmetisch ansprechende Prothesenversorgung ermöglicht. Die Wiederherstellung des natürlichen Erscheinungsbildes, ein häufig geäußerter Wunsch vieler Amputierter, kann jetzt durch neue Technologien und Materialien realisiert werden.

Von den ständigen Weiterentwicklungen des MYOBOCK®-Systems in den 70er und 80er Jahren hat der Übergang vom 12-Volt- auf das 6-Volt-System mit der Integration besondere Bedeutung. Durch den Elektro-Dreheinsatz wird eine fremdkraftbetätigte Drehung der Prothesenhand möglich. Ein spezieller Handgelenkverschluss stellt die mechanische und zugleich elektrische Verbindung zwischen Prothesenschaft und Elektrohand her, die sich gegen den Elektrogreifer austauschen lässt. Max Näder berichtet auf nationalen und internationalen Kongressen über die Ergebnisse seiner Entwicklungsgruppe.

Bei allen technischen Optimierungen steht die Anwendungstechnik für den Orthopädiemechaniker gleichwertig neben dem Konstruktions-Know-how. Max Näder investiert mit dem richtigen Gespür mutig in ein völlig neues Armprothesen-System. Er holt Spezialisten in seine Entwicklungsgruppe und gibt ihnen Freiräume und Rückendeckung gleichermaßen. Er überzeugt durch Engagement und Entscheidungsstärke, steht hinter seinen Entwicklern oder stellt sich vor sie, wenn es nötig ist. Mit „dem richtigen Händchen" für das technisch Machbare legt er die Innovationsrichtung fest und stellt stets den betroffenen Menschen in den Mittelpunkt seiner Entscheidungen. Einzelschicksale haben häufig größere Überzeugungskraft als Statistiken. Wenn ein doppelseitig Unterarm-Amputierter mit seinen Myo-Prothesen wieder ohne Hilfe essen kann oder selbständig Auto fährt, ist der Wahlspruch des Otto Bock-Chefs „Humanisierung von Prothesen" im wahrsten Sinne des Wortes mit Leben erfüllt.

Das Modular-System

„Wie geht es nach meiner Bein-Amputation weiter, und welche Lösungen bietet die moderne Prothesentechnik?", fragen betroffene Menschen heute ge-

Das große Vorbild Max Näder

Lothar Milde

Als jungem Seminarteilnehmer ist mir Max Näder Anfang der 1960er Jahre erstmals begegnet und hat meinen Blick auf unseren Beruf verändert. Beeindruckend und unvergesslich sind seine Fachvorträge anlässlich der Jahrestagungen des Bundesinnungsverbandes für Orthopädie-Technik. Er ist Vorstandsmitglied des Fördervereins der Bundesfachschule für Orthopädie-Technik in Frankfurt, als ich ihm 1972 als neuer Fachlehrer vorgestellt werde. Mit seiner Frage nach meinem eher wilden Haarschnitt sorgt er für eine entspannte Atmosphäre und vermittelt ganz authentisch, dass Verantwortung und Humor sich nicht ausschließen müssen. Seit der Zeit hat Max Näder meinen beruflichen Weg positiv begleitet. An die Studienfahrten in den 1970er und 80er Jahren nach Duderstadt und die vorgestellten Innovationen erinnere ich mich gern. Vor allem die persönlichen Begegnungen mit ihm – wenn auch eher selten und kurz – sind von bleibendem Wert. Seit 1983 arbeite ich in der Otto Bock-Entwicklungsgruppe und in der Abteilung Dokumentation für ihn und bin bis zu seinem Tode 2009 in wertschätzendem Kontakt mit ihm verbunden. Bei meiner Verabschiedung in den Ruhestand am 31. Januar 2008 im großen Seminarraum erweist Herr Dr. Näder mir mit seiner spontanen Ansprache eine große Ehre. Mit seiner persönlichen Ausstrahlung und seiner Vitalität im 93. Lebensjahr zieht er alle Anwesenden in seinen Bann. Ein einzigartiger Auftritt des Seniorchefs an seiner früheren Wirkungsstätte; viele jüngere Kollegen erlebten ihn zum ersten Mal „live".

Lothar Milde (Jahrgang 1943), Ausbildung in der Orthopädietechnik, Meisterprüfung, Fachlehrer der Bundesfachschule für Orthopädie-Technik e.V. Frankfurt/Dortmund, ab 1983 Mitglied der Otto Bock Entwicklungsgruppe, bis 2008 Abteilungsleiter Otto Bock Dokumentation

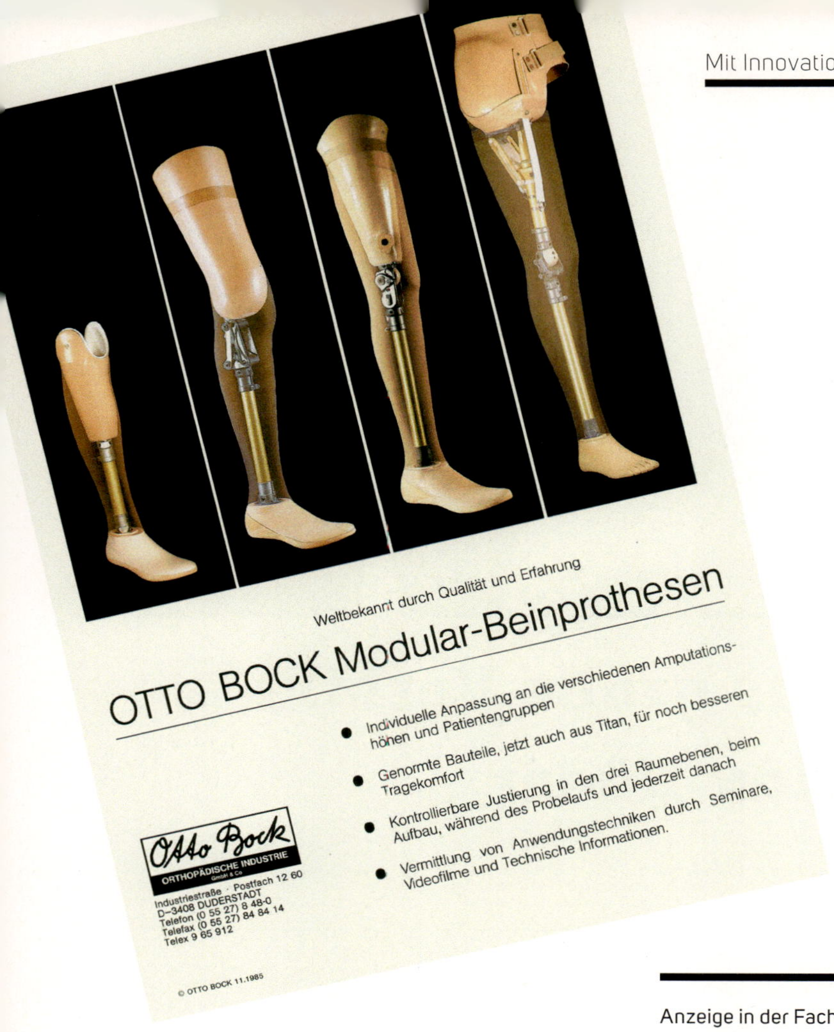

Anzeige in der Fachzeitschrift Orthopädie-Technik über Otto Bock Modular-Beinprothesen.
Von links nach rechts: Unterschenkel-, Knieexartikulations-, Oberschenkel- und Hüftexartikulations-Prothese.

nauso wie vor Jahrzehnten. Die scheinbar einfache Forderung nach einer funktionierenden und auch optisch eher unauffälligen Beinprothese ist und bleibt eine anspruchsvolle Aufgabe, deren Vielschichtigkeit trotz aller modernen Technik häufig unterschätzt wird.

Mit der Gründung der Orthopädischen Industrie GmbH 1919 durch Otto Bock beginnt eine neue Ära im Beinprothesen-Bau, da jetzt industriell gefertigte Passteile zur Versorgung der vielen Kriegsversehrten eingesetzt werden können.

Max Näder löst Mitte der 60er Jahre einen Entwicklungsauftrag für ein neues Beinprothesen-System aus, das Funktion und Kosmetik vereinen soll. Die günstige Entwicklung der Rohrskelett-Technik mit Schaumstoff-Verkleidung bei Kosmetikarmen und der Einsatz von Rohrkonstruktionen in der postoperativen Sofortversorgung werden verstärkt durch die Wünsche der Amputierten nach natürlichem Aussehen. Sie bilden das Anforderungsprofil und stellen den betroffenen Menschen in den Mittelpunkt aller Konstruktionsüberlegungen, ohne die bewährten „Otto-Bock-Tugenden“ wie statischen Aufbau und Funktion zu vernachlässigen.

Im Juni 1969 stellt Firmenchef Max Näder das Ergebnis seiner Entwicklungsgruppe anlässlich der Jahrestagung des Bundesinnungsverbandes (BIV) in Karlsruhe vor. Sein Vortrag „Die Rohrskelett-Prothese als kosmetische Beinprothese – ein neuer Kunstbeintyp“ ist ein Meilenstein in der Geschichte der Prothesentechnik. Es ist die offizielle Vorstellung einer einzigartigen Innovation, die sich weltweit schnell durchsetzt und seitdem prägenden Einfluss auf die gesamte Beinprothetik hat.

Max Näder wird damals wegen der Reihenfolge seiner dargestellten Konstruktionskriterien: Kosmetik, Tragekomfort, Betriebssicherheit, Funktion, massiv kritisiert. Orthopädietechniker befürchten einen Verlust an Versorgungsqualität und das Abhandenkommen handwerklicher Techniken. Ich erinnere mich noch an die Diskussion über die erste Otto Bock Technische Information „Otto Bock Systembein als kosmetische Beinprothese für Oberschenkelamputierte“ in unserer Göttinger Klinikwerkstatt.

Während der BIV-Tagung 1974 in Kaiserslautern berichtet Max Näder in einem Vortrag über die Versorgungsergebnisse der letzten fünf Jahre. Er wird mit der Heine-Hessing-Medaille in Gold geehrt, der höchsten Auszeichnung der Orthopädietechnik. In seiner Ansprache dankt er „seiner Mannschaft in Duderstadt und insbesondere seiner Entwicklungsgruppe.“

Schlüsselpatent Pyramiden-System

Was war jetzt der Schlüssel zu diesem einzigartigen Erfolg, dessen Grundprinzip noch heute Bestand hat?

Firmenchef – Mentor

Peter Gammer

Schaut man mit etwas Abstand auf ein erfolgreiches Berufsleben zurück, so sind die wichtigsten Erinnerungen mit bedeutenden Firmenereignissen und technischen Innovationen verbunden. Die Begegnungen mit besonderen Menschen und herausragenden Persönlichkeiten haben einen bleibenden Wert. Dafür bin ich dankbar.

Max Näder war über vier Jahrzehnte mein „oberster Dienstherr" und prägendster Weggefährte. Mit klaren Zielvorgaben und unverwüstlichem Optimismus war er uns allen souveräner Chef und einzigartiges Vorbild. Und für mich – gerade in den Anfangsjahren in der Otto Bock-Entwicklungsgruppe – ein verständnisvoller, vertrauenstärkender Mentor. Zwei Fotos mit ihm – 1969 beim Richtfest in Duderstadt und 2004 auf der OT-Messe in Leipzig – spannen den Bogen über die gemeinsam erlebte Otto Bock-Firmengeschichte. Den Zeitraum von den ersten Anfängen der myoelektrischen Armprothese bei Otto Bock bis zur Entwicklung des mikroprozessorgesteuerten Beinprothesensystems C-Leg habe ich aktiv mitgestaltet. Sehr gern erinnere ich mich an viele fachliche Gespräche und nicht ohne Stolz zitiere ich gern aus einem Beitrag von Dr. Näders zum 40. Firmenjubiläum der Otto Bock Austria: „Auf einem Foto mit meiner Frau und unserem achtjährigen Sohn Hans Georg ist im Hintergrund der junge Peter Gammer zu erkennen. Herr Gammer war als junger Armprothesen-Entwickler in Münster bei Prof. Dr. med. G. G. Kuhn unter anderem auch mit Sonderkonstruktionen für Contergan-Kinder betraut, und wir konnten ihn 1966 für unsere Entwicklungsabteilung in Duderstadt gewinnen".

In meinen ersten Duderstädter Jahren haben wir mit heute unvorstellbar einfachen Mitteln und kreativem Improvisationsvermögen die ersten myoelektrischen Steuerungen zusammengelötet und in die Otto Bock Systemhand eingebaut. Herr Näder hat diese Entwicklungen stets wohlwollend und äußerst interessiert begleitet und uns den Rücken gestärkt. Wenn es Schwierigkeiten gab, hat er uns durch seine Gelassenheit immer wieder Mut gemacht. Sein persönliches Engagement bei den Testversorgungen von Amputierten war ansteckend und wirkte positiv auf alle Beteiligten. Ebenso war er „der Fels in der Brandung", wenn die Neuentwicklungen im Seminar der Fachärzte der Orthopädischen Versorgungsämter vorgestellt wurden. Hier ein weiteres Zitat aus dem Beitrag von Herrn Dr. Näder: „Als echte Pioniere der modernen Armprothese bezeichne ich meine ehemaligen Mitarbeiter der Otto Bock Entwicklungsgruppe und späteren Führungskräfte der Otto Bock Austria in der Kaiserstraße: Peter Gammer und Eduard Horvath (.....) Ich bin beiden zutiefst dankbar für die damalige Entwicklungsarbeit für die myoelektrischen Armprothesen. Als in der Patientenversorgung erstmals Elektronik eingesetzt wurde, galt es labormäßige Einzelanfertigungen in praxisgerechte Produkte umzusetzen. Da waren kreative Köpfe, mutige Querdenker und pragmatische Entwicklungs-Ingenieure gefragt". Wenn ich diese lobende Anerkennung und sehr persönliche Wertschätzung lese, die mein hochverehrter Seniorchef im 94. Lebensjahr formuliert hat, bin ich dankbar berührt.

Ich erinnere mich an zahlreiche Ereignisse im beruflichen und privaten Bereich, bei denen Dr. Näder im Mittelpunkt stand und stets gelassen und mit wohltuender Bescheidenheit reagierte und immer seine Mitarbeiter einbezog. Tiefe Freude hat es mir bereitet, als Dr. Näder mir bei der Enthüllung meines „symbolischen Denkmals" anlässlich seines 80. Geburtstags anerkennend sagte: Er habe sich gar nicht vorstellen können, dass so viele Werte, so viel Zeit- und Firmengeschichte in einer Skulptur darstellbar sind.

Unvergesslich der letzte große Auftritt des 93-jährigen Seniorchefs beim 90. Firmenjubiläum im Duderstädter Rathaus. Mit Standing Ovations würdigte die Festversammlung einen einzigartigen Menschen und eine herausragende Unternehmerpersönlichkeit.

Peter Gammer (Jahrgang 1944), seit 1967 Mitglied der Otto Bock-Entwicklungsgruppe, bis 2007 Geschäftsführer Technik der Otto Bock HealthCare Duderstadt, bis 2008 Geschäftsführer der Otto Bock HealthCare Products GmbH, Wien, bis 30.06.2009 Geschäftsführer der Otto Bock Austria Ges.m.b.H., bis 2013 Mitglied im Beirat der Otto Bock-Firmengruppe

Kernstück der modernen Modularprothese ist die Erfindung von Richard Glabiszewski (1930-2013), die am 3. Mai 1969 zum Patent angemeldet wird: „Justierbares Verbindungselement zwischen Prothesenteilen unter Verwendung eines Kugelgelenkes [...], auf der Spitze stehende vierflächige Pyramide." Diese praxisgerechte Justiereinheit bildet die Basis für eine zukunftsorientierte Beinprothesen-Generation. Statische Korrekturen während der Herstellung, der Anprobe und auch nach Fertigstellung der Prothesen lassen sich so erstmals reproduzierbar durchführen. Im Vergleich zur exoskelettalen Schalenbauweise aus Holz oder Kunststoff ist das neue endoskelettale Modular-System durch die Schaumstoff-Verkleidung dem natürlichen Vorbild nachempfunden. Das gerade von weiblichen Amputierten so oft geforderte unauffällige Aussehen – Max Näder hatte es als Wiederherstellung des äußeren Erscheinungsbildes formuliert – kann durch eine individuell geformte Schaumkosmetik erreicht werden.

Praxisgerechte Anwendungstechnik

Die Formung der Schaumstoff-Verkleidung ist mit werkstattüblichen Fräs- und Schleifwerkzeugen möglich, erfordert handwerkliches Geschick und aufgrund des ungewohnten Materials Improvisationsvermögen und Formgefühl. In den Technischen Informationen 3/69 und 2/70 wird die gesamte Anwendungstechnik ausführlich bebildert dargestellt.

Wie bei der Einführung der Myoelektrik ist die in der Otto Bock Entwicklungsgruppe erarbeitete Fertigungstechnik ein wichtiger Erfolgsfaktor für den praktischen Einsatz der Modular-Beinprothesen. Die gesamte Technologie ist auf das Orthopädiehandwerk abgestimmt und wird in Seminaren vermittelt, bei denen der Firmenchef als Referent und leidenschaftlicher Diskussionsleiter überzeugt.

Anzeigen, die monatlich erscheinen, informieren über aktuelle Produkte. *Vorn:* Justierkern des Pyramidensystems, das Schlüsselpatent von Otto Bock von 1969.

Durch richtungweisende Entscheidungen forciert Max Näder ständige Innovationen und vermittelt diese durch Veröffentlichungen und Vorträge in der Orthopädietechnik-Branche bei Ärzten und Kostenträgern. Mit der engen Zusammenarbeit der bewährten Konstrukteure in Duderstadt und den Entwicklern der Otto Bock Austria in Wien stellt er die Weichen für zukünftige Entwicklungen wie das C-Leg. In den 80er Jahren hat sich die Otto Bock Modular-Beinprothese weltweit durchgesetzt und wesentlich zum Unternehmenswachstum beigetragen.

In einem Vortrag anlässlich des Jahreskongresses der Deutschen Gesellschaft für Orthopädie und Traumatologie 1986 in Erlangen führt Dr.-Ing. E.h. Max Näder zur modernen Prothetik u.a. aus: „Heute sind die Modularprothesen aus der modernen Versorgungspraxis nicht wegzudenken. Wir haben ein Multifunktionssystem mit hohem kosmetischem Wert zur Versorgung aller Amputationshöhen des Beines entwickelt, das den Prothesen in Schalenbauweise auch funktionell überlegen ist."

Max Näder im Juni 1985 während der Pressekonferenz beim Weltkongress des Bundesinnungsverbandes für Orthopädie-Technik in Essen.

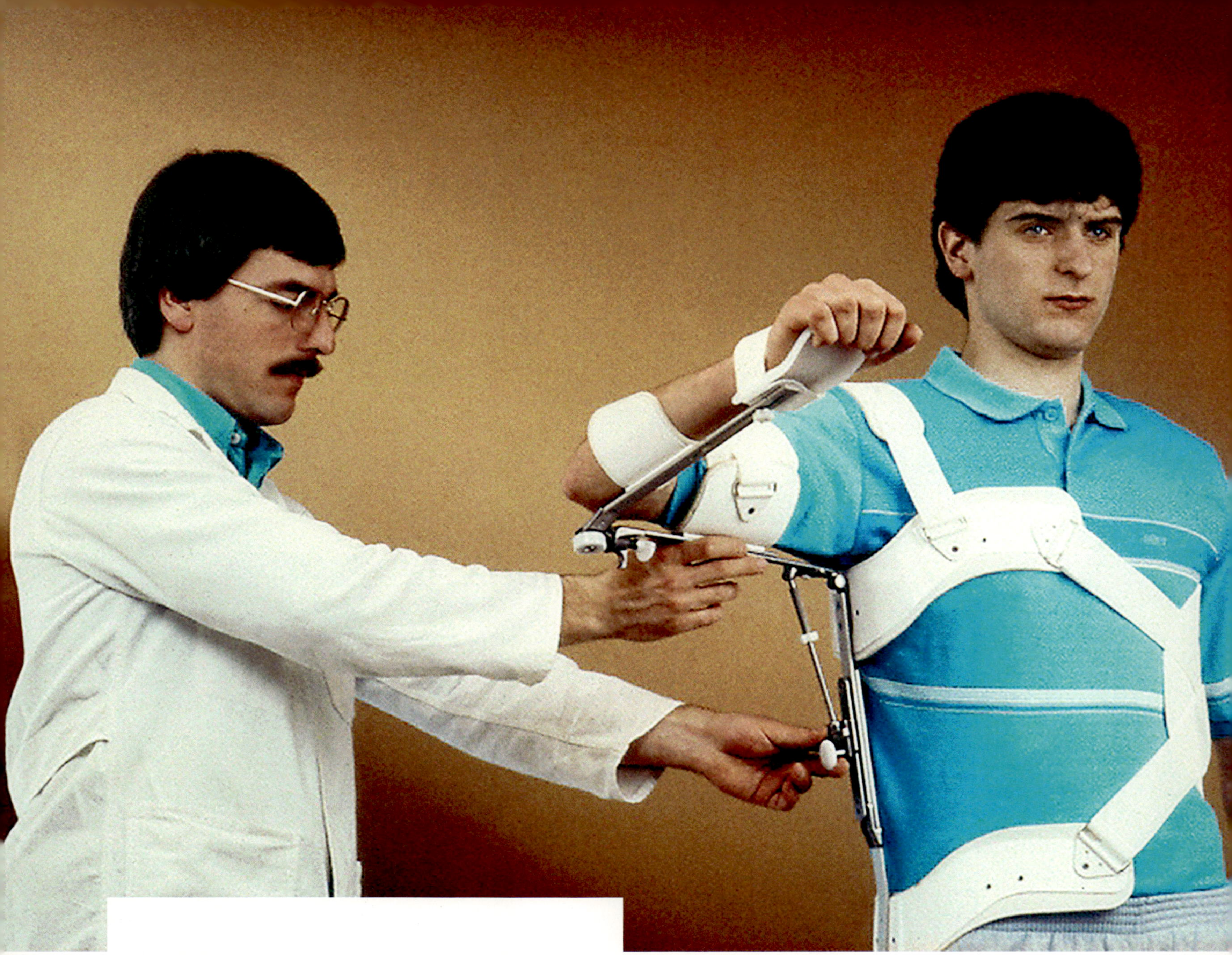

Ein ereignisreiches 1985

Lothar Milde

Im Jahr seines 70. Geburtstages erhält Max Näder die Ehrendoktorwürde der TU Berlin und die Hohmann Plakette der Deutschen Gesellschaft für Orthopädie – eine höchst seltene Auszeichnung und Auslöser für die Gründung der Otto Bock Stiftung die sich für die interdisziplinäre Fortbildung einsetzt.

Das Jahr 1985, in dem Max Näder am 24. Juni seinen 70. Geburtstag feiern sollte, beginnt mit interessanten Herausforderungen. Die Umbauarbeiten zur Aufstockung des Verwaltungsgebäudes werden zügig in Angriff genommen, denn ein komplettes Geschoss in Betonskelett-Bauweise soll innerhalb kürzester Zeit aufgesetzt werden. Das technisch und zeitlich sehr ambitionierte Projekt hat bei weiterlaufendem Geschäftsbetrieb eine absolute Deadline: „Zum 70. Geburtstag kann der Chef in seinem neuen Büro sitzen", verkündet Adolf Stender, Otto Bock-

Student Hans Georg Näder am Otto Bock-Messestand 1985 in Essen.
Links: Armabduktions-Orthese in Modularbauweise: Der Orthopädietechniker stellt den Abspreizwinkel ein.

Hausarchitekt und ebenso gefürchteter wie bewunderter Bauleiter, der dafür bekannt ist, schier Unmögliches möglich zu machen.

Vorher ist noch der Anfang Juni in Essen stattfindende BIV-Weltkongress „Orthopädie + Reha-Technik" zu organisieren. Otto Bock will mit einem völlig neu konzipierten Ausstellungsstand die Fachwelt überraschen und von der reinen Produktpräsentation zur marketingbetonten Darstellung wechseln. Das Standpersonal in einheitlicher Kleidung und Krawatte mit Otto Bock-Logo, die Damen mit Halstuch. Dargestellt wird u.a. die erfolgreiche Entwicklung der Otto Bock Modular-Beinprothese und deren neuester Module in Titan, unterstützt von einem Referat des Firmenchefs im internationalen Vortragsprogramm. Viel Aufmerksamkeit erfahren die erstmals in diesem Rahmen vorgestellten Orthesen in Modular-Bauweise.

Eine neue Orthesen-Generation

Orthesen stabilisieren, fixieren, entlasten oder korrigieren vorhandene, jedoch nicht voll funktionsfähige oder erkrankte Körperregionen. Die herkömmliche Bezeichnung „orthopädische Schienen" oder „Stützapparat" betrifft nur einen Teil der Konstruktionen im Sinne konventioneller Orthesen. Bereits im ersten Katalog der Orthopädischen Industrie GmbH Berlin 1919 sind „handgeschmiedete Schienen mit gefrästem Kniescharnier" aufgeführt, d.h. Passteile für Bein-Orthesen. Max Näder führt 1968 die Otto Bock Systemschienen ein und Anfang der 80er Jahre kommen Zahnsegment-Schienen aus thermoplatischem Kunststoff hinzu.

Mit der Entwicklung von Orthesen für den klinischen Bereich, z.B. nach Verletzungen oder Operationen, beginnt ein neues Kapitel der Orthetik. Max Näder führt dazu aus: „Eine Orthese in Modular-Bauweise soll ein funktionelles Baukasten-System darstellen, das patientengerecht konzipiert ist und ein bestimmtes Indikationsgebiet abdeckt. Die neue Orthesengeneration wird typischerweise für temporäre Versorgungen eingesetzt."

Der Messe-Auftritt von Otto Bock in Essen ist überaus erfolgreich und betont die innovative Produktpalette und deren zukünftige Präsentation. Ein persönlicher Hinweis zu meiner ersten Teilnahme an einer Otto Bock-Messe soll die damalige Arbeitsweise und das vielschichtige Engagement aller Beteiligten beleuchten: Der neue Messestand wird von Kollegen aus dem Modellbau, der Abteilung Information, dem Außendienst und den Orthopädietechnikern aufgebaut. Der Student Hans Georg Näder legt selbst Hand an und leitet in Vertretung seines Vaters erstmals den Mitarbeiter-Abend der Firma, eine günstige Gelegenheit für die Auslandsgeschäftsführer, sich nach dem aktuellen Stand der Vorbereitungen zum 70. Geburtstag des Firmenchefs zu erkundigen.

Ehrenpromotion
Dr.-Ing. E.h. Max Näder

Am 21. Juni 1985 würdigt die Technische Universität Berlin Max Näders Pionierleistungen und seine Verdienste um die fortschrittliche Orthopädietechnik mit der Ehrenpromotion Dr.-Ingenieur ehrenhalber. Die Auszeichnung gilt seinen „hervorragenden

Ingenieurleistungen in der Rehabilitationstechnik, insbesondere für die Einführung neuer Technologien in der Gliedmaßen-Prothetik", so ist es in der Verleihungsurkunde formuliert.

In seiner Laudatio lässt Prof. Dr.-Ing. Ulrich Boenick, damaliger Leiter des Instituts für Feinwerktechnik und biomedizinische Technik an der TU Berlin, Max Näders Werdegang Revue passieren: „Seine Ideen, die er mit seinem Team in die Praxis umgesetzt hat, waren wegweisend für die Orthopädietechnik [...] 1965: Unter Leitung von Herrn Näder wird die erste System-Elektrohand für myoelektrisch gesteuerte Armprothesen entwickelt. 1969: Die Forschungs- und Entwicklungsarbeiten an der Modular-Prothese werden abgeschlossen [...] Durch die Integralschaum-Technik ist gleichzeitig die Schwesterfirma Otto Bock Kunststoff KG zu einem maßgeblichen Lieferanten für die Kfz-Industrie geworden." Von den vielen Glückwünschen an Dr.-Ing. E.h. Max Näder sei hier die Würdigung seines langjährigen Wegbegleiters Prof. Dr. med. René Baumgartner, des damaligen Direktors

Vater und Sohn beim Betriebsfest 1985. Anlass ist der 70. Geburtstag des Firmenchefs.

Bahnbrechender Vorreiter in der technischen Orthopädie

Prof. Dr. med. Bernhard Greitemann

Max Näder war sicher einer der herausragenden Pioniere der technischen Orthopädie im 20. Jahrhundert. Neben seiner Liebe zur Orthopädietechnik, war er aber auch ein vorausschauender Unternehmer, sicher die prägende Gestalt der Entwicklung der orthopädischen Industrie in Deutschland. Seine Ausbildung sowohl zum Kaufmann als auch zum Orthopädiemechaniker gaben ihm dafür die unabdingbaren Voraussetzungen. Beeindruckt haben mich insbesondere der Mut und die Beharrlichkeit von Max Näder. Mit seiner Frau Maria geb. Bock eine durch die Kriegszeit nahezu zerstörte und daniederliegende Firma wieder aufzubauen und innerhalb von zwei Jahren eine Zweigstelle in Duderstadt zu gründen, ist an sich schon beeindruckend, die entschädigungslose Enteignung mit dem Verlust des Werkes Königsee und des persönlichen Vermögens 1948 zu überwinden, in Duderstadt die Firma wieder voranzutreiben und letztendlich das Unternehmen zum Weltmarktführer in der Orthopädietechnik weiterzuentwickeln, ist dabei seine einzigartige Lebensleistung. Zu Recht ist er daher mit zahlreichen Ehrungen überhäuft worden, so mit dem Verdienstorden der Bundesrepublik Deutschland, der Heine-Hessing-Medaille des Bundesinnungsverbandes für Orthopädie-Technik und der Georg Hohmann Plakette der Deutschen Gesellschaft für Orthopädie und Traumatologie. Die Technische Universität Berlin würdigte seine Leistungen mit der Ehrenpromotion. Beeindruckend auch, wie Dr.-Ing. E.h. Max Näder es geschafft hat, die Firma reibungslos an seinen Sohn, Prof. Hans Georg Näder, zu übergeben, der nahezu mit dem gleichen Elan und Weitblick die Firmenentwicklung fortführt und die Marke Otto Bock, neben der Position eines Weltmarkführers in der Orthopädietechnik, auch zu einem der innovationsstärksten Unternehmen auf dem Markt geführt und weiterentwickelt hat.

Prof. Dr. med. Dipl. oec. Bernhard Greitemann (Jahrgang 1958), Ärztlicher Direktor Klinik Münsterland, Bad Rothenfelde, Vorsitzender der Vereinigung Technische Orthopädie der DGOOC, Vorsitzender des Beratungsausschusses der DGOOC für das Orthopädieschuhtechnik-Handwerk, Vorsitzender des Nordrhein-Westfälischen Forschungsverbundes Rehabilitationswissenschaften, Leitlinienkoordinator der DGRW (Deutsche Gesellschaft für Reha-Wissenschaften), Sekretär und Vorstandsmitglied der Initiative 93 Technische Orthopädie

Rechts: Georg Hohmann Plakette, die höchste Auszeichnung der Deutschen Gesellschaft für Orthopädie und Traumatologie.

der Klinik für Technische Orthopädie in Münster, zitiert: „Akademische Ehrungen für Leistungen in der technischen Orthopädie sind ganz große Raritäten. Weit über hundert Jahre müssen wir in den Annalen der technischen Orthopädie zurückblättern, bis wir auf Johann Wildberger stoßen, der 1856 in Jena den Titel eines Ehrendoktors der Medizin für seine Verdienste in der technischen Orthopädie erhielt. 1824 waren es Johann Georg Heine und 1936 Bernhard Heine. Die Auszeichnung für Max Näder fügt sich bestens in diese kleine Reihe illustrer Vorfahren. Wir gratulieren herzlich!"

70. Geburtstag

Am 24. Juni 1985 ist das historische Duderstädter Rathaus zum 70. Geburtstag des Ehrenringträgers und neu ernannten Ehrendoktors Max Näder mit den Farben der Stadt – blau und gelb – beflaggt. Im festlich geschmückten Bürgersaal des Rathauses hält Max Näders Weggefährte und Freund Prof. Hannes Schmidl die Laudatio: „Wenn wir uns, sehr geehrter Herr Dr. Näder, heute hier eingefunden haben, um Sie zu ehren, begehen wir nicht nur den Jubeltag im Leben eines Freundes, sondern denken ganz besonders auch an die außergewöhnlichen beruflichen Leistungen [...] Sie haben aber zugleich diese Welt aus eigener Initative gestaltet, Sie als Mensch, als Ehemann und Familienvater, als Erfinder, Kaufmann und Bürger [...] Ihre grundsätzlich positive Einstellung zum Leben, Ihre formende und gestaltende Kraft haben es ermöglicht, heute auf ein Lebenswerk zurückzublicken, das beispielhaft dastehen mag für die wiedererlangte Weltgeltung der deutschen Industrie nach dem Zweiten Weltkrieg."

Die unvergessliche Festveranstaltung endet mit dem von Pastor Enno Haase angestimmten und gemeinsam gesungenen Choral „Lobe den Herrn, den mächtigen König der Ehren".

Und wie reagiert der Jubilar Dr.-Ing. E.h. Max Näder in seiner Dankesrede?

Tief berührt, souverän und bescheiden: „Wenn man einen Menschen richtig in Verlegenheit bringen will, muss man ihn in aller Öffentlichkeit ausführlich loben!" Unvergesslich für alle Gäste. Der Vormittagsempfang im Rathaus Duderstadt dauert bis spät in den Nachmittag. Am Abend wird zu Hause am Hindenburgring ausgiebig gefeiert.

Selbstverständlich wird der 70. Geburtstag des Otto Bock-Chefs eine Woche später auch als großes Firmenfest begangen. Im geschmückten Schützenhaussaal treffen sich alle Mitarbeiter und die weltweite „Otto-Bock-Familie". Die Geschäftsführer der Auslandsgesellschaften als Fußballer oder beim Kühemelken, kuriose Darbietungen, Musik und Tanz unterhalten eine gut aufgelegte Unternehmerfamilie.

Georg Hohmann Plakette

Dr. Näder pflegt seine interdisziplinären Kontakte zu wichtigen Persönlichkeiten der gesamten Branche u.a. auch durch Besuche und fachliche Auftritte bei Ärztekongressen. Die Deutsche Gesellschaft für Orthopädie und Traumatologie (DGOT) würdigt seine Verdienste mit der Verleihung der Georg Hohmann Plakette im Oktober 1985 in Frankfurt. Während der Eröffnungsfeier des DGOT-Kongresses in der Alten Oper – Marcel Reich-Ranicki hält die Festansprache: „Deutschland geteiltes Land, geteilte Sprache?" – überreicht der Kongresspräsident Prof. Dr. med. Wolfgang Heipertz Medaille und Urkunde. Die wissenschaftliche Gesellschaft der Orthopäden verleiht diese Ehrung an Nicht-Ärzte, die sich um die Orthopädie verdient gemacht haben. In seiner Dankesrede betont Dr. Näder die Bedeutung der interdisziplinären Zusammenarbeit, die er in der Zukunft durch eine noch zu gründende Otto Bock Stiftung fördern werde. Diese firmenneutrale Stiftung tritt nach Regelung aller Formalitäten 1987 in Kraft. Mit einem Seminar über Prothesen der oberen Extremität wird sie im März 1988 in München offiziell eröffnet.

Grenzöffnung am 9. November 1989: Endlose Fahrzeugschlangen am Grenzübergang Gerblingerode-Duderstadt, Trabis verstopfen die Innenstadt.

Der Eiserne Vorhang fällt

Lothar Milde

Mit der Öffnung der innerdeutschen Grenze 1989 erfüllt sich für Näder ein Traum. Die Verbindung zur alten Heimat und zum Stammhaus der Orthopädischen Industrie in Königsee rückt in greifbare Nähe.

Kurz vor Ende seiner aktiven Geschäftsleitung erlebt Max Näder einen Wendepunkt von besonderer Tragweite: „1989, im Jahr des Mauerfalls und der Grenzöffnung, wurde nicht nur für die gesamte deutsche Nation, sondern auch für die Otto Bock-Firmengeschichte ein neues und spannendes Kapitel aufgeschlagen", heißt es in der Firmenbiografie „Bewegte Zeiten" (2009). „An eine deutsche Wiedervereinigung hatte nach Jahrzehnten des Kalten Krieges wohl kaum jemand mehr geglaubt. Umso mehr wurden die umbrechenden politischen Geschehnisse, die am 19. November 1989 schließlich zur Öffnung der Grenze führten, zu einem Stück großer, hautnah erlebter Zeitgeschichte."

Diesen sonnigen November-Freitag wird niemand in unserer Region vergessen. Die schier endlose Schlange der Trabis am Grenzübergang Duderstadt-Gerblingerode und entlang der Industriestraße (heutige Max-Näder-Straße) ist überwältigend. Männer in Arbeitskleidung sind spontan aufgebrochen, um schnell einmal „Westluft" zu schnuppern. Im Otto Bock-Foyer erscheint ein älterer Mitarbeiter des VEB Königsee, der den obersten Otto Bock-Chef sprechen will. Als Legitimation hat er seinen Lehrvertrag mitgebracht, der 1946 in Königsee von Otto Bock unterschrieben worden war: eine von vielen emotionalen Begegnungen für Dr. Max Näder mit Menschen aus seiner Thüringer Heimat und der Beginn einer spannenden Zeit.

Bild mit Symbolcharakter: Lücke im einst unüberwindlichen Todeszaun bei Zwinge/Thüringen, 13 km nordöstlich von Duderstadt, 1990.

Vorher Kommentar mit Kaschi? Bi. Bö

Für PK
(nicht sofort [illegible] Ende)

1.) Hinweis auf keine Presse (Vorstellung) Symptomatisch!

2.) Teilnahme – Interesse Mi-Inhalt für Plenum.

3.) Jetzt erst möglich [illegible] in Dialog wegen des Konzepts d. Erneuerung (Strat.) Konsequenz erhöht auf [illegible] bzw. [illegible]

4.) Vorstellung ZK Mitglieder (bereit für Fragen d. Presse)

5) Chronologie ??
– alles erst Referat Gen. · EXTRA-Z 1
– personelle Entscheidung · EXTRA 2
– Aus Diskussion EXTRA 3

Frage – ANTWORT
(ZK Mitgl. [illegible])

ZEIT! Kurz vor Schluss – Ende d. Arbeit
Nennung Mi Ra, Darstellung. Kein PB-Papier. Entscheidung Mi Ra!!
Verlesen Text Reiseregelung
· EXTRA
Noch Fragen. Bereit [illegible] für [illegible]
Abschluss. Dank [illegible]
[illegible] mit APr.

Pressekonferenz von Günter Schabowski zur neuen Ausreisereglung der DDR Regierung 9. November 1989

Und deshalb haben wir uns dazu entschlossen, heute eine Regelung zu treffen, die es jedem Bürger der DDR möglich macht, über Grenzübergangspunkte der DDR auszureisen.

Nach meiner Kenntnis gilt diese Regelung sofort, unverzüglich.

Das Leben besteht aus lauter Anfängen, die immer wieder für das Ende gehalten werden.

5-9.04

Günter Schabowski

Aktiver Ruhestand

1990—2009
Generationswechsel, Rückkauf Königsee, Ehrenbürger

Der Apfel fällt nicht weit vom Stamm

Lothar Milde

Schon als Student ist Hans Georg Näder im elterlichen Unternehmen tätig und wird von seinem Vater auf die Führungsverantwortung vorbereitet. An dessen 75. Geburtstag erfolgt die offizielle Übergabe an seinen Sohn. Beim Weltkongress Orthopädie- und Reha-Technik 1991 im wiedervereinten Berlin erfährt die gesamte Branche vom vollzogenen Stabwechsel.

Gelebte Tradition

Tradition und Innovation sind seit drei Generationen tragende Säulen der Unternehmensphilosophie der Otto Bock HealthCare. Anlässlich des 125. Geburtstags des Firmengründers am 19. November 2013 schreibt Prof. Hans Georg Näder in seinem Vorwort „Erinnerungen an meinen Großvater Otto Bock": „Unser Firmengründer wäre stolz, wenn er sehen könnte, wie die Firmengruppe, die seinen Namen trägt, sich entwickelt hat [...] Ich bin meinen Großeltern und meinen Eltern Maria und Max Näder unendlich dankbar für ihre Lebensleistungen als Familienunternehmer".

Ohne Zweifel ist die Nachfolgeregelung für jede Firma von entscheidender Bedeutung für den Fortbestand und weiteren Erfolg. Das gilt insbesondere für inhabergeführte Familienunternehmen. Nachkriegswirren mit deutscher Teilung und Enteignung des Stammhauses Königsee verhinderten einen kontinuierlichen Übergang vom Firmengründer Otto Bock auf die nächste Generation und erforderten 1946 einen Neuanfang in Duderstadt durch Max und Maria Näder.

Acht Jahre nach Otto Bocks Tod wird 1961 Hans Georg Näder in die Unternehmerfamilie als potenzieller Nachfolger hineingeboren und quasi von Kindesbeinen an auf seine Aufgabe vorbereitet. Diese frühzeitigen familiären Sozialisationsprozesse zum erfolgreichen Generationswechsel veranschaulicht der amtierende Otto Bock-Chef in einem Interview 2003: „Das ist wie bei Konrad Lorenz, der seine Küken geprägt hat. So ähnlich hat das mein Vater auch gemacht. Ich bin groß geworden in und um Otto Bock. Mein Vater hat mich schon früh an den Wochenenden mit ins Büro genommen, wo ich unter dem Schreibtisch mit Murmeln gespielt habe."

Von Kindesbeinen an immer dabei: Sohn Hans Georg an der Hand des Vaters 1965 auf der Firmenbaustelle.

Familie mit Besuchern aus Asien im Garten am Hindenburgring.

Frühe Aufgaben und erste Verantwortung

Bereits während seiner Schulzeit in Duderstadt arbeitet Hans Georg Näder in verschiedenen Otto Bock-Abteilungen, lernt betriebliche Abläufe kennen und schnuppert die Luft des normalen Arbeitsalltags. Diese Tätigkeiten und erste Management-Aufgaben führt er während seines Betriebswirtschaftsstudiums in den verschiedenen Otto Bock-Auslandsgesellschaften (OBAs) Anfang der 80er Jahre fort. Er freundet sich mit seinem Credo „Faktor Mensch" an und tritt auch so in die Fußstapfen seines Vaters, dem vertrauensvolle Menschlichkeit wichtigste Führungskompetenz ist.

An der Seite seiner Eltern erlebt Hans Georg Näder wichtige Veranstaltungen der Branche und knüpft persönliche Kontakte zu den Seniors und zur jüngeren Kundengeneration. Auch international vertritt er bei Firmenveranstaltungen die Inhaberfamilie, zum Beispiel bei der Eröffnung der Otto Bock Benelux 1981.

Während der Messe Orthopädie- und Reha-Technik 1985 in Essen nimmt er stellvertretend für seinen Vater während des Festabends eine Auszeichnung der Orthopädietechniker aus den USA entgegen. Der deutschstämmige Präsident Kurt Marschall: „Mit Max Näder ehren wir den Mann, der uns durch seine Entwicklungen aus einer verstaubten Werkstatt herausgeholt und uns in einen weißen Kittel gesteckt hat."

Die harmonisch gelungene Nachfolgeregelung für seine ständig wachsende und weltweit erfolgreiche Firmengruppe zählt zu den bedeutenden Leistungen in Dr. Näders achtem Lebensjahrzehnt. Zielgerichtet und väterlich-behutsam zugleich übergibt er Verantwortung und Unternehmensführung schrittweise an seinen Sohn.

Wenn der Vater mit dem Sohne

Natur und Sport verbinden Vater und Sohn. Skilauf, Tennis und Seefahrt im Mittelmeer, nicht nur als Ausgleich für die unternehmerische Verantwortung. Die Freude am Autofahren ist fast eine Voraussetzung für die Arbeit der Firmenchefs. Otto Bock, d.h. ihre Unternehmensgruppe, bestimmt das ganze Leben, der Beruf ist Berufung und wichtiges gemeinsames Hobby zugleich.

Manchmal gibt es Anlässe und Aufgaben gemeinsam zu erfüllen: Jahreskongress des Bundesinnungsverbandes für Orthopädie-Technik 1989 in Saarbrücken. Im Vortragsprogramm referiert Dr. Näder über neueste Entwicklungen für myoelektrische Armprothesen und stellt die lange erwartete Kinderhand vor: „Die faszinierende Funktionsvielfalt und Ästhetik der Hand eines Kindes bleiben Vorbild und angestrebtes Ziel moderner Prothesentechnik [...]. Die Elektrohand 2000 stellt aufgrund ihrer Leichtmetallkonstruktion mit miniaturisierter Antriebseinheit und optimierter Griffkinematik einen wichtigen Entwicklungsschritt für die Kinderversorgung dar."

Hans Georg Näder weckt mit seinem Vortrag „Beinprothesen im Behindertensport" ein Jahr nach den

Auf der „Sunny Day" genießen Näders ihren Urlaub im sardinischen Porto Rotondo, 1975.

Hans Georg Näder spricht beim Empfang zum 80. Geburtstag seines Vaters.

beeindruckenden Bildern der Paralympischen Spiele 1988 in Seoul Interesse bei den deutschen Orthopädietechnikern für den Behindertensport. Damals unvorstellbare Leistungen haben heute durch Hightech-Konstruktionen und professionelle Trainingsmethoden auch zurückhaltende Skeptiker überzeugt. Die Berichterstattung in den Medien ist der beste Beweis für den Stellenwert der Paralympics.

Vom Junior zum Chef

Dr. Näders 75. Geburtstag am 24. Juni 1990 ist das Datum für den offiziellen Stabwechsel durch Hans Georg Näder. Im großen Seminarraum des Verwaltungsgebäudes haben sich Persönlichkeiten aus der regionalen Politik, Wirtschaft und Orthopädietechnik-Branche sowie Inhaberfamilie und Otto Bock-Mitarbeiter zum Geburtstagsempfang versammelt. Direktor

Happy?

Harry Wertz

Es passierte damals regelmäßig, dass Dr. Näder gegen Abend noch eine kleine Tour durch die Firma machte. An diesem Abend führte die Tour durch die Verwaltung. Sein treuer Begleiter, ein Yorkshire Terrier namens Happy, war unangeleint auch immer mit von der Partie. Zu der Zeit gab es noch keine Bewegungsmelder für das Licht, und Hund und Herrchen liefen oft im Dunklen über den Flur. Happy dackelte immer hinterher und untersuchte alles sehr gründlich. Plötzlich hörte ich, wie Dr. Näder seinen Hund mehrmals rief, aber Happy reagierte nicht. Ich wollte behilflich sein und habe Happy dann in der Finanzbuchhaltung aufgetrieben. Ich habe Herrn Dr. Näder hinterhergerufen: „Happy ist in der Finanzbuchhaltung." Die Antwort von Dr. Näder darauf war: „Komm Happy, da ist eh' nichts zu holen!" und grinste mich dabei an. Dr. Näder war ein toller Mann mit viel Humor.

Harry Wertz (Jahrgang 1957), Chief Financial Officer (CFO), Otto Bock Holding GmbH & Co. KG

Julia Näder mit Happy, 1995.

Otto Saul, Mitarbeiter der ersten Stunde und jahrzehntelanger Prokurist begrüßt die Festversammlung und gratuliert im Namen der gesamten Firmengruppe. Im nachfolgenden Grußwort thematisieren die Redner die Öffnung der nur wenige Kilometer entfernten Grenze und würdigen den Geburtstags-Jubilar. Hans Georg Näder dankt seinen Eltern für die bisherige Unterstützung auf seinem Weg an die Spitze der Firma. Er betont die vertrauensvolle Zusammenarbeit mit seinem Vater und welche Herausforderungen in Königsee auf sie warten würden. Die Geburtstagsfeier für die große Otto Bock-Familie ist eine Woche später das Ereignis des Jahres in Duderstadt für alle Mitarbeiter. Im großen Festzelt auf dem Gelände der Otto Bock Kunststoff läuft ein faszinierendes Unterhaltungsprogramm: Musik und Tanz, großzügige Bewirtung und ausgelassene Stimmung. Höhepunkt des Abends ist Dr. Näders Ansprache. In seinem Dank an die gesamte Otto Bock-Mannschaft weltweit unterstreicht er die vertrauensvolle Mitarbeit und Treue zu Firma und Familie als Grundpfeiler für den gemeinsamen Erfolg. Sein Sohn führe die Geschäfte schon seit geraumer Zeit an seiner Seite und sei nun der Otto Bock-Chef, dem man das gleiche Ver-

Betriebsbesichtigung mit Politprominenz: Bürgermeister Lothar Koch, Oberkreisdirektor Dr. Alexander Engelhard, Bundesministerin Prof. Dr. Rita Süssmuth *(von links)*.

trauen entgegenbringen möge. Ein neues Kapitel setze die erfolgreiche Firmen- und Familiengeschichte fort.

Intern hat Hans Georg Näder bereits vor dem öffentlichen Chef-Wechsel wichtige Weichenstellungen vorgenommen. In den Strategietagungen im März 1989 in Arosa und März 1990 auf Sylt schart er einen Kreis enger Mitarbeiter um sich und regt neue Entwicklungen an. Beim Weltkongress Orthopädie- und Reha-Technik im Mai 1991 trifft sich die gesamte Fachwelt im wiedervereinten Berlin. Die Resonanz ist überwältigend; der Berliner Bürgermeister Eberhard Diepgen eröffnet die Veranstaltung im Internationalen Kongresszentrum (ICC). In der Fachausstellung dominiert der Otto Bock-Messestand und überzeugt mit innovativen Produkten, z.B. dem Hydraulik-Kniegelenk ActiveLine 3C1 mit Carbonrahmen. Das Großfoto eines Kleinkindes mit angelegter Tübinger Hüftbeugeschiene nach Bernau überrascht den Seniorchef Dr. Näder genauso wie seinen Nachfolger Hans Georg: Zur Freude und Heiterkeit beider ist Tochter bzw. Enkeltochter Julia, geb. 23. September 1990, als „Orthesen-Model" abgelichtet.

Menschenfreund und Pionier der modernen Orthopädietechnik

Prof. Dr. med. Fritz Uwe Niethard

Abertausende von Kriegsversehrten, vor allem mit Arm- und Beinamputationen: Das waren die Herausforderungen für Orthopädie und Orthopädietechnik nach dem Zweiten Weltkrieg. Es gab ja die Firma Otto Bock mit Know-how aus Thüringen, aber dorthin konnte man nach dem Krieg nicht wieder zurück. Max Näder hatte in die Firma eingeheiratet und wurde in diese Situation hineingeworfen. Wenige Jahre vor dem Krieg hatte er bei der Firma Otto Bock in Thüringen seine Ausbildung und in Berlin sein Studium begonnen. Nun stand das Familienunternehmen vor einem Neuanfang. Die Entscheidung der Familie fiel auf das kleine Örtchen Duderstadt an der damaligen Zonengrenze. Kaum vorstellbar, dass aus diesem kleinen Fleckchen eines Tages der Sitz eines Weltunternehmens werden sollte. Aber Max Näder hatte nicht umsonst das Handwerk von der Pike auf gelernt. Er packte an und innerhalb weniger Jahre war das Unternehmen bereits national bekannt. Ich selbst bin in einer Orthopädietechnikerfamilie aufgewachsen, die mit ihrem Betrieb aus Schlesien vertrieben worden war und in Salzgitter eine neue Bleibe fand. Etliche Male bin ich mit meinem Vater und Großvater im DKW von Salzgitter nach Duderstadt gefahren, wenn es um die Versorgung von „schwierigen Stümpfen" ging. Ich erinnere mich, wie mein Vater und Großvater die Kompetenz der Firma Otto Bock geschätzt und gewürdigt haben. Max Näder hat sich einige Male selbst um die Versorgung gekümmert. Sein Mitarbeiter Otto Fruzinsky, der zusammen mit meinem Vater die Meisterprüfung an der Bundesfachschule absolvierte, hat die Versorgungskompetenz abgerundet. Man kann sich kaum vorstellen, welche große Bedeutung eine qualifizierte orthopädietechnische Versorgung für die Kriegsversehrten hatte: Krieg verloren, Heimat verloren, Bein verloren – war für die meisten nicht nur ein körperlicher, sondern auch psychischer Super-Gau. Max Näder konnte dies nachempfinden. Er wusste, was die Kriegsversehrten benötigten und hat daher selbst in seinem zunehmend größer werdenden Betrieb immer eine familiäre Atmosphäre geschaffen. Das ist es, was wohl den Betrieb auch bis heute ausmacht: Max Näder war ein Menschenfreund und dies hat er nicht nur zu Hause, sondern auch in seiner ganzen beruflichen Umgebung gelebt. Für technische Innovationen war er stets aufgeschlossen und hat schon sehr früh kreative Erfinder um sich geschart. Die von ihm initiierte myoelektrische Armprothesen-Versorgung und das Modular-System für Beinprothesen waren der Anfang einer dynamischen Entwicklung, die auch heute noch nicht abgeschlossen ist. Beispielhaft sind die von ihm gegründeten Forschungszentren in Duderstadt und Wien. Für seine besonderen Verdienste und seinen Einsatz für die Technische Orthopädie hat Max Näder bereits im Jahre 1985 die Hohmann Plakette der Deutschen Gesellschaft für Orthopädie und Traumatologie erhalten. Er ist aber auch Träger zahlreicher weiterer Auszeichnungen, so der Ehrendoktorwürde der Technischen Universität Berlin und Träger des Großen Verdienstkreuzes des Verdienstordens der Bundesrepublik Deutschland.
Mit der von Dr.-Ing. E.h. Max Näder 1987 gegründeten Otto Bock Stiftung hat er sich für die Belange der interdisziplinären Zusammenarbeit eingesetzt und orthopädietechnische Inhalte der ärztlichen Fortbildung gefördert. Darüber hinaus konnte er seine Hilfsbereitschaft, seine anthroposophische Weltanschauung auf eine breite Basis stellen. Zahlreiche Hilfsaktionen sind seitdem von der Otto Bock Stiftung auf den Weg gebracht worden: vom Elbehochwasser über die Unterstützung von Opfern des Tsunami in Khao Lak, die Versorgung der Verletzten, vor allem Kinder in Haiti, der Kriegsopfer in Afghanistan und – ganz aktuell – der vertriebenen und verstümmelten Kinder in Syrien hat die Otto Bock Stiftung Immenses geleistet. Durch diese Aktionen lebt der Geist von Max Näder in der Achtung für den Menschen weiter fort. Der Förderung der Orthopädietechnik an den Universitäten galt seine besondere Aufmerksamkeit. Max Näder wusste, dass sich das Fach technisch weiterentwickeln würde. In Anbetracht der Nähe Duderstadts zur Universität Göttingen hat Max Näder auch die Göttinger Universität mit der Ausstattung orthopädisch-technischer Expertise bedacht. Nicht zu vergessen ist, dass sich Max Näder mit seinem Sohn Hans Georg durch die Einrichtung eines Stiftungslehrstuhls für den Erhalt der orthopädischen Kompetenz im Annastift in Hannover eingesetzt hat. Dafür gebührt ihm der nachhaltige Dank der DGOOC. Die Hohmann Plakette der Deutschen Gesellschaft für Orthopädie, nun der Deutschen Gesellschaft für Orthopädie und Orthopädische Chirurgie, erhielt im Jahre 2003 auch sein Sohn Hans Georg Näder. Hätte es noch eines weiteren Hinweises bedurft, dass das Lebensmotto von Max Näder „die Orthopädietechnik für den Menschen" weiterlebt?

Prof. Dr. med. Fritz Uwe Niethard (Jahrgang 1945), ehemaliger Ärztlicher Direktor der Orthopädischen Universitätsklinik der Rheinisch-Westfälischen Technischen Hochschule Aachen (RWTH), bis Dezember 2014 Generalsekretär der Deutschen Gesellschaft für Orthopädie und Orthopädische Chirurgie (DGOOC), Ehrenmitglied der DGOOC, Vorstand der Otto Bock Stiftung

Herzensangelegenheit

Lothar Milde

Das Engagement der Familie Näder in ihrer thüringischen Heimat ist praktisch deutsch-deutsche Aufbauarbeit. Mit einer Einweihungsfeier im Juni 1993 wird der von der Treuhand zurückgekaufte Betrieb nach aufwändigen Umbaumaßnahmen der Fachöffentlichkeit vorgestellt. Vater und Sohn sind die Festredner zu „Gestern, heute, morgen" und stellen die moderne Fertigung von Rollstühlen vor.

Über vier Jahrzehnte hat der Eiserne Vorhang eine Verbindung zum 1948 enteigneten Otto Bock-Stammhaus verhindert. Mit der Grenzöffnung wird erstmals ein Kontakt zum VEB Orthopädische Industrie Königsee möglich. Bereits am 18. Dezember 1989 besucht Hans Georg Näder in Begleitung von Karl Heinz Burghardt und Adolf Stender den ehemaligen Besitz seiner Großeltern. Bei einem Betriebsrundgang erhalten sie Einblick in Fertigungsabläufe. Der marode Zustand des Betriebsgeländes ist erschreckend. Die Mitarbeiter sind verunsichert, reagieren jedoch im Gespräch freundlich und aufgeschlossen. Sie äußern ihre Zukunftsängste und hoffen auf ein Engagement der alten Eigentümer. Die Abkürzung VEB für Volkseigener Betrieb wird hinter vorgehaltener Hand zu Vormals Eigentum Bock umgemünzt.

Den Besuchern aus Duderstadt wird klar, welch riesige Aufgabe bei einem wie auch immer gearteten Otto Bock-Einstieg geschultert werden muss. Für den fast 75-jährigen Dr. Näder beginnt eine bewegende Zeit mit vielen emotionalen Diskussionen in Familie und Firma. Spätestens nach seinem Besuch mit seinem Sohn Anfang 1990 ist ihm klar, dass wirtschaftliche Aspekte keinen Ausschlag geben können. Ausschlaggebend für eine Entscheidung ist „sozusagen der Ruf des Herzens",

Gebäuderückseite des VEB Königsee, 1989.

Vertragsunterzeichnung am 19. Dezember 1991 in Duderstadt: Hans Georg Näder unterschreibt den Vertrag zum Rückkauf des Stammwerkes Königsee.

wie er es formuliert – ein tief empfundenes Bekenntnis zur alten Heimat. Vom langwierigen und mit bürokratischen Hürden gepflasterten Weg bis zur Einweihung einer funktionierenden Otto Bock-Gesellschaft im Juni 1993 seien hier einige Wegmarken aus der Firmenbiografie „Bewegte Zeiten" aufgeführt:

Juni 1990. VEB Königsee wird als „Orthopädische GmbH Königsee" in Treuhandbesitz überführt.

11. Dezember 1991. Gründung der Otto Bock Orthopädische Industrie und Rehabilitationstechnik GmbH. Geschäftsführer Hans Georg Näder.

19. Dezember 1991. Vertragsunterzeichnung zum Rückkauf.

Zum Jahreswechsel 1992 weist die Otto Bock-Anzeige in der Fachzeitschrift „Orthopädie-Technik" auf die bedeutsame Veränderung in der Firmengruppe hin, und Hans Georg Näder informiert die Kunden in einem persönlichen Schreiben. Seine spätere Schilderung von den Anfängen der Erfolgsgeschichte „Den ersten Besuch zusammen mit meinem Vater werde ich wohl nie vergessen: Als wir in Dörnfeld über die Bergkuppe kamen und er sein immer und immer mehr geliebtes Königsee erblickte..." verdeutlicht die Entscheidung des Herzens.

Aufbruchstimmung, viel Arbeit und ganz Königsee feiert

Auf dem gesamten Königseer Betriebsgelände besteht erheblicher Aufräum- und Sanierungsbedarf. Große Mengen Altlasten müssen beseitigt und einige Bauten abgerissen werden, z.B. der Schornstein.

Anfang Januar 1992 legt Adolf Stender die gesamte Planung für Um- und Neuarbeiten des zukünftigen Gewerbeparks vor. Der Duderstädter Fertigungsleiter Norbert Hacker rekrutiert erste Mitarbeiter. Schon im ersten Quartal kann im kleinen Rahmen die Produktion aufgenommen werden. Mit einem Festakt wird am 18. Juni 1993 die Otto Bock Orthopädische Industrie und Rehabilitationstechnik GmbH feierlich eingeweiht. 300 Gäste, Vertreter aus Politik – unter ihnen die Bundestagspräsidentin Frau Prof. Dr. Rita Süssmuth –, aus Wirtschaft und der OT-Branche verfolgen im Festzelt die von Hans Georg Näder gehaltene Ansprache. Er blickt kritisch auf die zähen Verhandlungen bis zur Vertragsunterzeichnung zurück: "Dass man sein Eigentum zweimal kaufen muss, diesen einmaligen Umstand werden die Geschichtsbücher werten müssen." Sein Dank gilt allen Beteiligten, die in den letzten 18 Monaten Großartiges für den deutsch-deutschen Aufbau geleistet haben. Dr. Näder lässt in seiner Rede alte Königseer Zeiten Revue passieren und äußert sich stolz und dankbar über das „neue Schmuckstück der Firmengruppe". Er wird vom Königseer Bürgermeister Hoppe mit der Ehrenbürgerwürde seiner Heimatstadt

Betriebsgelände der Otto Bock Orthopädie- und Rehabilitationstechnik GmbH Königsee, 1993. Im Vordergrund das restaurierte Stammhaus, in der Bildmitte ein neu errichtetes Fabrikationsgebäude.

Bei der Einweihungsfeier in Königsee 1993 erinnert Dr.-Ing. E.h. Max Näder an vergangene Zeiten und stellt eine handgemachte Ölmühle vor.
Oben rechts: Mit dem Großen Verdienstkreuz der Bundesrepublik Deutschland würdigt Thüringens Ministerpräsident Bernhard Vogel Näders Lebenswerk und sein Engagement für das Stammhaus in Königsee.

ausgezeichnet. Von den Ereignissen des Nachmittags soll hier das Fußballspiel der Betriebsmannschaften aus Königsee und Duderstadt genannt sein. Der Otto Bock-Chef Hans Georg Näder unterstützt jeweils eine Halbzeit die beiden Teams.

Abends bei Musik und Tanz aller Mitarbeiter und Ehrengäste wird Max Näder zum Ehrenhauptmann der Königseer Feuerwehr ernannt.

Am nächsten Tag klingen die Feierlichkeiten mit einem Grillfest im Waldschwimmbad aus - einem Lieblingsort aus Max Näders Jugendzeit.

Verdiente Lorbeeren

Dr. Näders Liste der Ehrungen und Auszeichnungen ist lang. Sie beginnt 1969 mit dem „Ehrenring der Stadt Duderstadt in Gold" für besondere Verdienste um die Stadt und auf wirtschaftlichem Gebiet. Das „Verdienstkreuz erster Klasse des Verdienstordens der Bundesrepublik Deutschland" erfährt am 3. November 1994 in Erfurt eine ganz besondere Fortsetzung. Thüringens Ministerpräsident Bernhard Vogel überreicht das „Große Verdienstkreuz des Verdienstordens der Bundesrepublik Deutschland" für die Aufbauleistungen in Königsee. In seinem Dank erwidert Dr. Näder humorvoll: „Wenn ich vor fünf Jahren gesagt hätte, dass mir der westdeutsche CDU-Politiker Vogel als Ministerpräsident in Erfurt das Große Verdienstkreuz überreichen würde, hätte man sofort nach dem Arzt gerufen". Während des Empfangs zum 80. Geburtstag im erweiterten Foyer- und Seminarbereich des Otto Bock-Verwaltungsgebäudes wird der einstimmige Beschluss des Duderstädter Stadtrates verkündigt: Ein Teil der Industriestraße wird in Max-Näder-Straße umbenannt. Eine Ehre, die ganz selten zu Lebzeiten ausgesprochen wird.

Der Überreichung der „Ehrenmedaille der Bundeshauptstadt Wien in Silber" am 28. November 2008 im schon verschneiten Wien kann Dr. Näder aus gesundheitlichen Gründen nicht beiwohnen. Sein Sohn Hans Georg vertritt ihn mit einer Grußbotschaft: „Wenn ehemalige Firmen-Chefs ausgezeichnet und ihre Leistungen gewürdigt werden, so ist das vor allem eine Anerkennung für die Mitarbeiter, mit denen gemeinsame Ziele erreicht werden konnten. Der Mensch, insbesondere der behinderte Mensch, stand und steht im Mittelpunkt unseres Handelns, und dafür braucht es qualifizierte und überzeugte Mitarbeiter. Der richtige Mitarbeiter am richtigen Platz und für die richtige Aufgabe: Das ist der Schlüssel für erfolgreiche Arbeit."

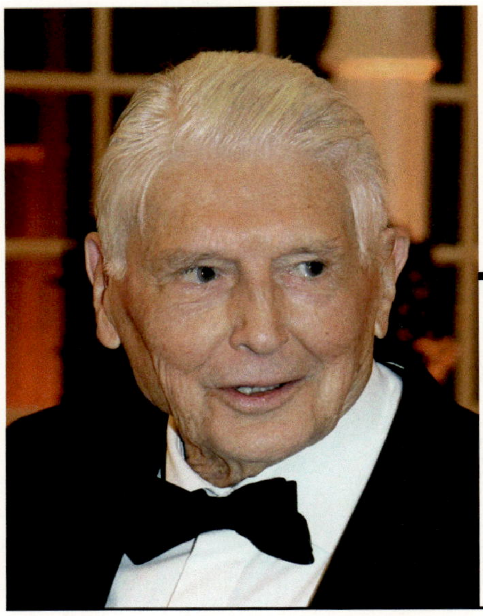

Beide Firmen erlebten im Osten das gleiche Schicksal

Dr. jur. Udo Madaus

Mit der Familie von Dr. Max Näder verbindet mich eine jahrzehntelange Freundschaft. Sie fand ihren Ursprung in dem gemeinsamen Interesse an der „christlichen Seefahrt" in den Gewässern um Sardinien. Die Freundschaft übertrug sich auch auf unsere Kinder, den Sohn von Max Näder – Hans Georg Näder – mit unseren Kindern Melanie und Oliver, die im ähnlichen Alter sind.
Aus der damaligen Zeit stammt das gemeinsame Interesse an den politischen Ereignissen, die im Osten Deutschlands vor der Wiedervereinigung und ab 1990/1991 danach geschahen: die Firma Bock in Königsee/Thüringen – orthopädische Produkte – und die Firma Madaus in Sachsen/Dresden/Radebeul – Pharma-Produkte auf pflanzlicher/naturstofflicher Basis.
Die Firma Bock wurde in der Zeit der russischen Besatzungszone im Juni 1948 an ihrem Sitz in Königsee „enteignet". Die Inhaber mussten in die westliche Besatzungszone fliehen, Familie Näder nach Duderstadt – Gründung der Firma Otto Bock Orthopädische Industrie in Duderstadt. Die Firma Madaus fand – nach der amtlichen Verfügung der Enteignung „im Umlaufverfahren" zum gleichen Zeitpunkt – ihren neuen Firmensitz in Köln-Merheim. Bei beiden Unternehmen ging der Wiederaufbau erfolgreich vonstatten. Das geschah mit vielen Mitarbeitern, die den beiden Firmen-Inhabern nach dem Westen gefolgt bzw. geblieben waren.
Beide Firmen erlebten im Osten das gleiche Schicksal. Sie wurden als Nazi-/Kriegsverbrecher enteignet mit der Begründung, die sowjetische Besatzungsmacht habe dazu ihre Zustimmung gegeben, der die Landesregierungen (Thüringen und Sachsen) zustimmen mussten. Eine wichtige Entscheidung wurde in diesem Zeitraum am 7. April 1960 gefällt, wo durch die „gemeinsame Erklärung" von Bundestag und Bundesrat einstimmig beschlossen wurde, „die gesellschaftlichen Strukturveränderungen im Machtbereich des Sowjetismus niemals anzuerkennen."
Es näherte sich die Wiedervereinigung und damit die Vereinbarung in Moskau mit den Siegermächten – genannt „Zwei-plus-Vier-Vertrag" vom 12. September 1990 und Ratifizierung des „Einigungsvertrages" zwischen Bundesrepublik und DDR vom 29. September 1990. In beiden Verträgen wird die Festschreibung der Enteignungen in der Zeit zwischen 1945 und 1949 anerkannt. Diese „Enteignung" betraf auch das gesamte Privat-Eigentum (Häuser, Grundstücke, private Vermögenswerte, etc.).
Die Empörung der zigtausend Betroffenen – Bürger aus Ost- und West-Deutschland – der „Bodenreform", der Industrie-/gewerblichen/privaten Enteignungen ist groß, so dass sofort Verfassungsbeschwerde (Oktober 1990) beim Bundesverfassungsgericht eingereicht wird. Terminierung für die mündliche Verhandlung erfolgt bereits am 22. Januar 1991.
Nicht ohne Grund also verkündet Bundeskanzler Kohl am 30. Januar 1991 vor dem Deutschen Bundestag: „Der Fortbestand der Maßnahmen zwischen 1945 und 1949 wurde von der Sowjetunion zu einer Bedingung für die Wiedervereinigung gemacht. Ich sage klar: Die Einheit Deutschlands durfte an dieser Frage nicht scheitern."
Das Bundesverfassungsgericht – als oberstes Gericht in Deutschland – fällte dann am 23. April 1991 das sogenannte „Bodenreform I-Urteil", in dem die Enteignungen zwischen 1945 und 1949 als „rechtens" anerkannt werden. Im zweiten Beschwerdeverfahren (Bodenreform II, Entscheidung von April 1996) wurde durch Beschluss – also ohne mündliche Verhandlung und ohne Würdigung der zahlreichen Beweisanträge das 1. Urteil des Bundesverfassungsgerichts noch einmal bestätigt.
Damit gingen für die Betroffenen, die bis dahin den Versprechungen und Grundsätzen unseres Rechtsstaats glaubten, die Lichter aus.
Am Schluss muss betont und hinzugefügt werden, dass die heutigen historischen Erkenntnisse zu dem Ergebnis gekommen sind, dass es keine sowjetische Bedingung gegeben hat, die als Grundlage für alle politischen und gerichtlichen Entscheidungen betreffend Nichtrückgabe der „Enteignungen zwischen 1945 und 1949" angeführt werden.
Mein Freund Max Näder hat in weiser Voraussicht, dass die gerichtlich durchsetzbaren Rückgabeansprüche des gestohlenen Eigentums in Königsee möglicherweise nach der Wende noch viele Jahre dauern könnten, die Firma (Stammhaus) in Königsee kurzerhand zurück erworben.
Als dann 10 Jahre später – auf Grund von gefundenen A-Listen (sowj. Enteignungslisten) und B-Listen (sowj. bestätigte Rückgabelisten) der Nachweis vorlag, dass die Firma Bock in Königsee/Rudolstadt zu Unrecht enteignet wurde, waren – durch den Kauf von Königsee 1991 – für Dr. Max Näder „schon alle Messen gelesen".

Dr. Udo Madaus (Jahrgang 1924), Köln, Juristisches Studium in Göttingen, Geschäftsführender Gesellschafter Arzneimittelfirma Dr. Madaus & Co , Köln, zuletzt Vorsitzender des Verwaltungsrats der Familiengesellschaft, seit 1990 intensive Bemühungen um die Rückgabe/Rehabilitation des „Konfiszierten Eigentums in Ostdeutschland"

Neuanfang in Königsee

Adolf Stender

Erst die friedliche Revolution 1989 und die Grenzöffnung am 9. November 1989 ermöglichte es den orthopädischen Versorgungsbetrieben der DDR, geschäftliche Beziehungen mit Otto Bock Duderstadt aufzunehmen.
Ein erster Besuch Hans Georg Näders im VEB Königsee gleich im Dezember 1989 – noch mit Visum – offenbarte den desolaten Zustand der Gebäude und Produktionseinrichtungen. Die Produktpalette stammte noch aus der Zeit vor der Enteignung; es gab keine Innovationen und Neuentwicklungen; der Absatz in den sozialistischen Ländern, aber auch in der DDR war erheblich eingebrochen. Das Auftreten und die Einstellung der Betriebsführung gab keine Hoffnung auf eine Kooperation beider Unternehmen.

Eine 1991 vom RKW (Rationalisierungs-Kuratorium der Deutschen Wirtschaft) durchgeführte Betriebsanalyse ergab, dass der VEB unter marktwirtschaftlicher Realität in einem vereinigten Deutschland keine Chance habe.
Weitere zwei Jahre mussten vergehen, bis die Treuhand endlich auf Protest der Mitarbeiter zu der Einsicht kam, überhaupt mit dem enteigneten Eigentümer in die entscheidenden Verhandlungen zu treten.
Ende Dezember 1991 bekam Otto Bock schließlich die Firma zurück – unter erheblichen finanziellen Auflagen und der Verpflichtung, innerhalb des ersten Jahres 100 Mitarbeiter einzustellen. Die Erwartungen und Sorgen der Mitarbeiter waren groß, nach über 40-jähriger Teilung und Unfreiheit eine Beschäftigung bei Otto Bock zu erhalten. Ich denke besonders an die bewegenden Worte von Herrn Dr. Näder am Tag der Übernahme des Betriebes. Inständig bat er die neuen Mitarbeiter, gemeinsam den völligen Neubeginn zu wagen, gründlich zu arbeiten, Bereitschaft zur Leistung, zur Offenheit und freudigen Mitarbeit zu zeigen. An die Duderstädter Belegschaft appellierte er, all ihr berufliches Wissen uneingeschränkt zu vermitteln und den Neuen das Gefühl zu geben, dass Sie ein wertvoller Baustein in der Otto Bock-Familie sind. Nur so könnte die Integration gelingen.
Unmittelbar starteten die Ausbildungsprogramme in Duderstadt und Königsee, denn ab dem 15. Februar 1992 sollte eine erste Teilproduktion in Betrieb gehen. Die Planung der baulichen und technischen Maßnahmen erfolgte mit größter Intensivität, um die Bauphasen so kurz wie möglich zu halten. Viele desolate Gebäude mussten abgerissen, andere saniert oder neu errichtet werden.
Die gesamte versorgungstechnische Installation einschließlich Wärmeerzeugung bedurfte der Erneuerung.
Nicht belastete Beton-und Ziegelabbrüche wurden recycelt und fanden für den Straßenbau und die Außenanlagen Verwendung. In nicht benötigten Gebäuden entstand ein ansprechender Gewerbepark, welcher einen Beitrag zur Aufwertung des Königseer Stadtbildes leistet.
Herr Prof. Hans Georg Näder hat, wie sein Vater, die Wiedervereinigung Deutschlands als einmalige Chance gesehen, die Firmengeschichte in dritter Generation weiterzuschreiben und die Urzelle der Firma wieder in die weltweite Otto Bock-Familie aufzunehmen. Mit klaren Zielvorgaben sollte der Betrieb so ausgestattet werden, dass er eigenständig und wettbewerbsfähig ist. Das große Verständnis zwischen Vater und Sohn war der Schlüssel für das eindeutige Bekenntnis zum Standort Königsee.
Die Entscheidung für Königsee war darüber hinaus getragen von tiefem Empfinden für die Menschen in Königsee und dem Wunsch, ihnen nach der Wiedervereinigung neue Hoffnung und einen sicheren Arbeitsplatz zu geben. Für Dr. Näder war es der Ruf des Herzens und die Liebe zu seiner Heimat. Im Gegenzug eroberten seine menschlichen Qualitäten die Herzen vieler Königseer.

Adolf Stender (Jahrgang 1944), von 1975 – 2009 Leiter der Planungs- und Projektabteilung bei Otto Bock, 2009 – 2013 Berater für den Neubau Otto Bock Wien und zeitweise zuständig für verschiedene Sonderprojekte

Noch immer Weltenbummler

Hans Georg Näder

Unternehmen, Freunde und Familie, Arbeitsmoral, Fleiß, Freizeit und Hobby, Duderstadt, Thüringen und die weite Welt – alles konnte Max Näder unter einen Hut bringen. Sportlich ambitioniert, geistig offen und aktiv bis ins hohe Alter, war er mobil im wahrsten Sinne des Wortes.

Sportlich von Jugend an

Sportliche Begabung und Freude an der Bewegung prägten meinen Vater von Jugend an und waren ein wichtiger Teil seiner Persönlichkeit. Mit geistiger und sportlicher Aktivität verband er Lebensfreude, positives Denken, aber auch gesunden Ehrgeiz. Auf dieser Haltung basierte sein lebenslanges Engagement für die technische Orthopädie auf der Suche nach der besten Lösung.

Tennisplatz und Waldschwimmbad gehörten zu seinen Lieblingsplätzen in Königsee. Skifahren hat er in Masserberg am Rennsteig gelernt. Unsere Fotoalben sprechen Bände über meine Erlebnisse. Ski in Arosa, Tennis in der Tennishalle und Schwimmen – große Runden um die Sunny Day – wo auch immer im Mittelmeer, am liebsten an der Costa Smeralda. Im Swimming Pool am Hindenburgring hat er über Jahrzehnte sein tägliches Pensum absolviert und so Fitness und Gelassenheit für Familie und Firma getankt. Entspannung durch Pool Cleaning, quasi Yoga per Wasserschlauch. Für meine Freunde und mich glückliche Kinder- und Jugendtage mit und ohne Familie in unserem schönen Garten.

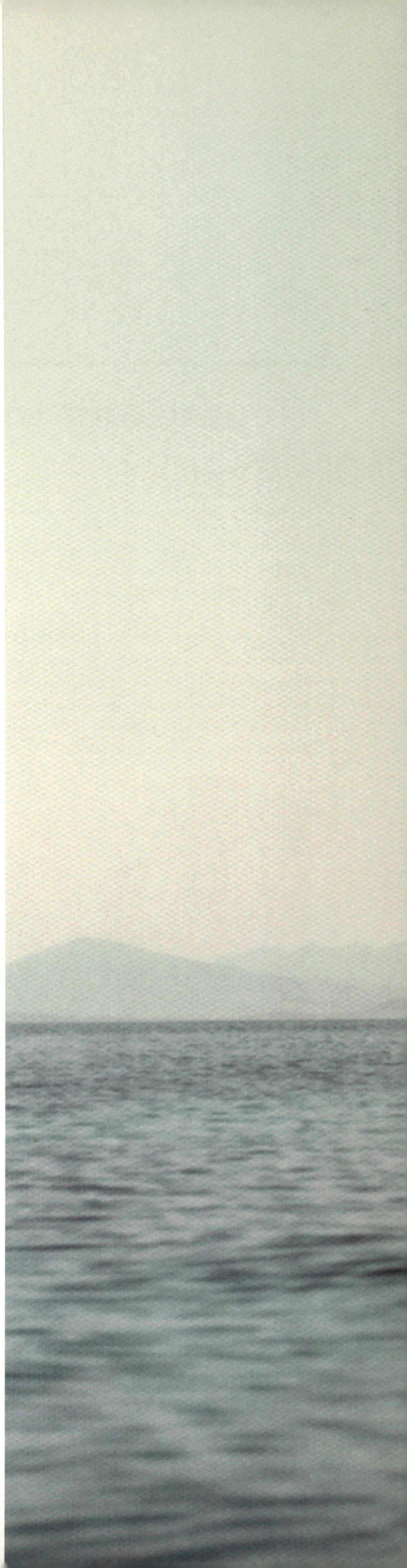

Winterurlaube in der Schweiz, in Arosa, der Jahreswechsel mit den Eltern im Schnee, weit weg von Büro und Firma, gehören zu meinen schönsten Erinnerungen. Das Tschuggen Hotel hat uns über drei Generationen, meine Kindheit und mich fast ein halbes Jahrhundert begleitet. Auf der Piste konnte mein Vater lange mithalten, als Senioren in seinem Alter eher Terrasse und Spaziergänge bevorzugten. Für Vater war es sportlicher Ausgleich und Jungbrunnen zugleich. Er genoss unsere Nähe, die beste Voraussetzung für Family Education und Entwicklung gemeinsamer Zukunftsperspektiven.

In Arosa, an der Costa Smeralda und in Cannes ist viel entstanden, was die Näder-Kultur ausmacht. Freundschaften über Generationen hinweg: Eva und Udo, Melanie und Oliver Madaus, Ann-Katrin und Günter Bauknecht, Edda und Wolfgang Weiss stehen hier stellvertretend für echte *good friends*.

Silvester mit Freunden im schweizerischen Arosa zu feiern, ist alte Familientradition.

Max Näder ist ein leidenschaftlicher Skifahrer, gern in St. Moritz wie hier 1976. *Oben*: Sohn Hans Georg mit Skilehrer Heinrich Stapferer, Arosa, 1976.

Im Sommer zieht es die Familie ans Mittelmeer. Sardinien, Costa Smeralda, 1975.

Günther Bauknecht, Wolfgang Weiss, Max Näder. Im Tschuggen, Arosa, um 2005.

Der geborene Optimist, weit Reisender und aktiver Ruhestand

Unter dem Titel „Max Näder in 80 Jahren um die Welt" haben meine Mutter und ich 1995 meinen Vater zum 80. Geburtstag mit einem Video überrascht. Der Film spannt den Bogen über acht Jahrzehnte eines abwechslungsreichen Lebens vom Schüler in Thüringen, Verlobung und Hochzeit mit Maria Bock, über Anfänge in Duderstadt bis zum Weg des Unternehmens an die Weltspitze.

Viele betriebliche und vor allem private Bilder zeigen den Familienmenschen Max Näder, den Otto Bock-Chef und den aktiven Senior in den vielfältigen Facetten einer klugen, gebildeten, charmanten und weit gereisten Persönlichkeit. Immer gut gelaunt und weltoffen, ob bei internationalen Kongressen, bei Eröffnung der Otto Bock Auslandsgesellschaften, auf gesellschaftlichem Parkett oder in den Dünen von Sylt.

Dem Anlass entsprechend souverän, humorvoll oder als gern gehörter Referent und hoch konzentrierter Gesprächspartner.

Er mochte es aber auch deftig. Zu erwähnen sind legendäre Betriebsfeste bei Kellner in Westerode, das Hasen-Essen bei Fildhut in Etzenborn, sein Löwen-Stammtisch oder *long nights* bei Bodo Stuckenschmidt auf dem Duderstädter Schützenfest. Oder das legendäre Gute-Nacht-Bier, gerne auch mit einem Kurzen *(Schnaps)* dazu.

Beim Geburtstagsempfang auf dem Firmengelände nahm er an der Seite meiner Mutter die Glückwünsche der Vertreter von Politik, Wirtschaft, Kultur und der gesamten orthopädischen

Branche entgegen. Eine besondere Freude war es, dass seine 5-jährige Enkeltochter Julia nicht von seiner Seite wich: „Ein tolles Team. ... Julia ist die Einzige, die den Opa richtig im Griff hat" – so habe ich es in meiner Ansprache betont.

Bei der Mega-Party im Festzelt konnten die Gäste ihn nicht nur im Video bewundern, sondern ihn auch live auf der Bühne mit einer Tänzerin des Balletts erleben – große Ovationen. Die Tänzerin der Eurocats war noch Stunden später voll begeistert von ihrem charmanten Tanzpartner.

Was den aktiven Ruhestand meines Vaters betrifft, hat er meinen Weg im Unternehmen stets wohlwollend und aufmerksam begleitet. Er war kluger und orthopädietechnikbegeisterter Berater zugleich und allen technischen Innovationen gegenüber aufgeschlossen. Die Vorstellung unseres mikroprozessor-gesteuerten Kniegelenksystems C-Leg® – die neue Dimension des Gehens – hat er 1997 beim Weltkongress in Nürnberg als historischen Meilenstein bewertet. 2004 beim Kongress in Leipzig legte mein Vater großen Wert darauf, den C-Leg-Träger Curtis Grimsley kennenzulernen. Curtis konnte beim Terroranschlag auf das World Trade Center New York 9/11 dank seines State of the Art C-Leg-Beinprothesensystems das einstürzende Gebäude über die Treppenhäuser verlassen *(Seite 136/137)*.

In meinen persönlichen Ehrungen sah mein Vater stets auch eine Bestätigung unserer gemeinsamen betrieblichen Leistungen und freute sich mit mir. Wann erlebt schon ein Vater, der 1985 mit der Georg Hohmann Plakette

Ein spontanes Tänzchen mit den Eurocats. Schwungvoll bedankt sich der Senior bei den Akteuren einer großen Bühnenshow zu seinem 80. Geburtstag.

Vater und Sohn in Morcote, 1964.

Hobbyfotograf Max Näder nimmt sich Zeit für Sightseeing an touristischen Plätzen der Welt.
Links: San Bernardino-Pass in der Schweiz, Anfang der 1960er Jahre.

geehrt wurde, dass sein Sohn 2003 die gleiche Auszeichnung erhält! Vater und Sohn: Ehrenring-Träger und Ehrenbürger unserer geliebten Stadt Duderstadt.

Sport als verbindendes Element

Als generationsübergreifende Klammer habe ich über Jahrzehnte unser gemeinsames Interesse am Reisen, guter Küche, anderen Kulturen und sozialem Engagement erlebt. Mit dem Behindertensport kam eine bedeutende Dimension hinzu. Eine ganz wichtige Rolle spielte die Inspiration des Olympia-Siegers und Weltrekordlers Gunter Belitz, der Vater und mir während der legendären Paralympics Revivals mit seiner kritischen Haltung einen ganz wichtigen Anschub gegeben hat. Highlight, die Reise mit Bundeskanzler Gerhard Schröder zu den Paralympics in Athen wie auch die Paralympische Idee hat uns in ihren Bann gezogen. Nach einem Vierteljahrhundert Otto Bock-Engagement bei den Paralympics haben wir einen echten Beitrag zu gelebter Inklusion geleistet und sind als Official Prosthetic, Orthotic and Wheelchair Technical Services Provider auf dem Weg zu den Paralympic Games Rio de Janeiro 2016.

Max Näder war begeisterter Autofahrer – *nonstop* mal nach Arosa, Morcote oder *one stop* nach Cannes mit Auto und Fähre an die Costa Smeralda.

Mittelmeer-Cruise: Freunde sind an Bord der Sunny Day immer sehr willkommen.

Ein Grund zum Feiern: Hans Georg Näder erhält 2003 in Berlin die Georg Hohmann Plakette, mit der Vater Max schon 1985 ausgezeichnet wurde.

Die Kamera ist immer dabei, auch in Kopenhagen.

Im hohen Alter kritischer Beifahrer. Max konnte den letzten Winkel per Straßenkarte erkunden – wer kann das heute noch in der Welt der Navis?

Seine maritime Leidenschaft startete mit meinen ersten Segelaktivitäten – Optimist –, später im 470er auf dem Seeburger See. Parallel dann Max' erstes *rental boat* mit 25 PS Außenborder in Cala di Volpe, der Ära Domenico, seine erste Versilcraft, dann die Alalungas. Kapitäne Gérard, Christian, Frédéric und unser famoser Freund Jean-Claude. Tonnen von Knoblauch, viel Bianco Frizzante, ganz wichtig die aktuelle Tageszeitung, Pasta, für die Salate viel Tomaten und Olivenöl, Siesta vom Feinsten *(dazu mehr auf Seite 138)*.

Das ganze Mittelmeer, insbesondere Italien, die Côte d'Azur, Korsica und Sardinien waren Skipper Max' Revier. Port Grimaud, Cannes, Sta. Margherita, Macinaggio und Porto Cervo – das waren unsere Familien-Spielplätze. Kritischer Blick auf die Wetterkarte (eigentlich immer zuviel Wind), – hält der Anker? Die legendären Cruises mit Freunden zu den Îles de Lérins, Badefreuden und kulinarische Genüsse, aber auch Capri, Ischia, Lipari, Ponza. Bei diesen wundervollen Erinnerungen geht mir das Herz auf.

Mein herzlicher Dank gilt unserem lieben Freund Dr. Udo Madaus, der Vater erst richtig zum Thema Seefahrt inspiriert hat. Eine Handvoll Wasser unter dem Kiel – danke, lieber Vater. Neben Otto Bock, meinen Töchtern, Seefahrt *at its best*. Was für wahnsinnig schöne Erlebnisse auf den sieben Meeren – auch bei mehr Wind!

Curtis Grimsley präsentiert sein C-Leg, mit dem er beim Terroranschlag auf das World Trade Center 2001 aus dem 70. Stock des brennenden Gebäudes entkam.

Ein Jogger in Brooklyn, 1994. Sport mit Beinprothese ist ein integrativer Faktor und steht für Lebensqualität. Beim Laufen zeigt sich die sichere und dynamische Funktion des Prothesen-Kniegelenks.

Jean-Claude Gonin, Skipper und Chef de Cuisine auf Max Näders MY „Sunny Day"

Impuls- und Stichwortgeber: Prof. Hans Georg Näder
Interview und Transkription: Ursula Grunau

St. Tropez, 8. April 2015. Auf der Dachterrasse von Prof. Hans Georg Näders Haus in der Rue de l'Ormeau, bei strahlendem Frühlingswetter und traumhaftem Blick auf das Mittelmeer, spricht Jean-Claude Gonin über seine Zeit, seine Arbeit und das Leben überhaupt mit Max Näder auf der MY „Sunny Day".

Jean-Claude, wann und wo fand Deine erste Begegnung mit Max Näder statt?

Das war vor 26 Jahren im Hafen Port Canto. Ich arbeitete auf dem Nachbarschiff und habe manchmal beim Anlegemanöver geholfen, wenn die „Sunny Day" an ihren Liegeplatz zurückkehrte. Monsieur Näder hat mich freundlich gegrüßt, es waren sehr sympathische Begegnungen. Etwas später fragte er mich, ob ich als Matrose auf seiner Yacht arbeiten will. Wir sind uns sofort einig geworden und haben das mit einem Handschlag besiegelt. In späteren Jahren hat Monsieur Hans Georg Näder dieses Vertrauen erneuert – das war dann die „nouvelle direction".

HGN hat einen Leitfaden für unser Interview geschrieben. Der erste Abschnitt heisst: *Patron et camarade* – Chef und Freund.

In der Beziehung zum Patron gab es strikte Regeln. Wir haben uns gegenseitig respektiert, es gab keinerlei Probleme. Wenn es Arbeit gab, wurde gearbeitet. Wenn es Zeit zum Ausruhen war, ruhten wir aus: *Travail-travail, repos-repos!* Beide Beziehungsebenen stimmten einfach.

Das nächste Kapitel ist überschrieben:
L'institution Sunny Day.

Ja, es gab *les codes, les règles, les traditions, les spécialités.* Das Frühstück zum Beispiel, *le fameux petit déjeuner,* lief nach ganz besonderen Regeln ab. Es begann mit einer liebenswürdigen Begrüßung, und dann nahm es seinen Lauf und dauerte eine Stunde oder zwei Stunden, das war ganz normal. Die Stimmung war heiter, *on rigolait beaucoup.*

Nach dem Frühstück nahm der Tag einen ruhigen Verlauf *(Jean-Claude lacht und sagt: Anders als später mit der „nouvelle direction", der neuen Geschäftsführung mit Hans Georg Näder).*

„Sunny Day" fuhr hinaus und ankerte „zwischen den Inseln" (Les Îles de Lérins vor Cannes), und gegen 13.30/14.00 Uhr war Lunch-Zeit. Dann *une petite sieste dans l'après-midi.* Abends, mal später, mal früher, kehrte „Sunny Day" zurück in den Hafen.

Nun kommen wir zu einem sehr speziellen Kapitel:
L'omniprésence de l'ail / La cuisine à bord.

Ja, Knoblauch war in der Bordküche, d.h. für Monsieur Näder, eine sehr gefragte Zutat! Ich war in all den Jahren der beste Kunde des Knoblauch-Händlers in der Markthalle Cannes. Unmengen von Zehen habe ich ausgepresst! Zum Frühstück servierte ich Monsieur Näder regelmäßig *„une petite montagne d'ail"*. Einen kleinen Berg Knoblauch, so hoch ungefähr wie der Aschenbecher, der hier auf dem Tisch steht. Anfangs, als ich nur drei Zehen ausgepresst hatte, sagte Monsieur Näder: Bitte mehr. Zum Schluss war es eine komplette Knolle. Mittags: dito. Abends: dito. Also die pure medizinische Anwendung.

Gab es noch andere Spezialitäten aus der Bordküche?

Oui, le poisson – le Saint Pierre (Petersfisch), le Loup de Mer (Wolfsbarsch). Einfach im Ofen gebraten mit etwas Olivenöl und Zitrone. So hatte der Patron es gern. Und dazu: Knoblauch. Ebenso viel Knoblauch wie Fisch.

M. Näder aß auch sehr gern: Melone und Schinken (mit Knoblauch), Käse (mit Knoblauch), Erdbeeren (mit Knoblauch). *C'est vrai! [U.G.: Ist Jean-Claude hier vielleicht doch ein Schelm ...?]*

Gab es auch Tage ohne Knoblauch?

Ja, am Vorabend einer Reise, also wenn Monsieur Näder am nächsten Tag in ein Flugzeug steigen wollte.

Gab es bevorzugte Getränke?

Le Patron mochte Weisswein sehr gern, zuweilen gab es Limoncello, Grappa oder Sambuca.

Erinnerst Du Dich an den Tag, als in Duderstadt Dr. Max Näder die letzte Ehre erwiesen wurde, als ein letztes Mal Knoblauch ihn begleitete?

Ja, es war am 24. Juli 2009. Frédéric und ich waren zu Dr. Näders Begräbnis gekommen und wir hatten die Flagge der „Sunny Day" dabei, die mit ins Grab gelegt werden sollte. In die Flagge hatten wir zwei Knoblauchknollen eingewickelt. Und so hat ihn beides begleitet auf seiner letzten Reise.

Der nächste Punkt in Hans Georgs Leitfaden bringt uns zu: *Les amis à bord*.

Es gab sozusagen *„trois vagues d'amis"* auf der „Sunny Day". Da waren zunächst die Arosa-Freunde: Monsieur Schadeberg, Monsieur Bauknecht, Monsieur Wetz, Dr. Madaus. Sie aßen mit Monsieur Näder zu Abend, haben sich sehr wohl gefühlt und viel erzählt. Es waren, glaube ich, für alle immer sehr vergnügliche Stunden.

Die zweite Welle waren die Professoren von der Berliner Universität: Professor Boenick und Professor Fricke, die einmal im Jahr eine Woche auf der „Sunny

Day" zu Besuch waren. Meistens saßen sie gemütlich an Bord, manchmal fuhr die Yacht aufs Mittelmeer hinaus, und auf jeden Fall gab es immer viel Gelächter.

Monsieur Näders Kriegskameraden, *les vétérans*, bildeten die dritte Welle der *amis à bord*. Auch sie waren immer guter Dinge, die Stimmung war entspannt. Für alle waren es sicher immer unvergesslich schöne Ferien.

Bei all diesen Besuchen konnte das Frühstück schon mal 2–2½ Stunden dauern und das Mittagessen 3 Stunden. Am Abend erzählten sie sich viele Geschichten. Man konnte spüren, dass eine lange Freundschaft sie verband. Sie lachten manchmal, als seien sie noch zwanzig Jahre jung.

Auch die Gäste profitierten natürlich von den knoblauchgesättigten Mahlzeiten.

Nun kommen wir zu einer Überschrift, die lautet: *Toujours trop de vent*

Wenn zum Beispiel Monsieur Hans Georg Näder seinem Vater *une promenade en mer* vorschlug, war die Antwort oft: „*Trop de vent!* Es ist zu windig, um rauszufahren!" Le Patron mochte sehr gern mit viel Muße und Beschaulichkeit *entre les Îles* verweilen, oft auch mit Freunden an Bord, dann kehrte die „Sunny Day" manchmal erst um Mitternacht in den Hafen zurück.

Erinnerst Du Dich an kleine Geschichten, die passiert sind während Deiner vielen Jahre mit Monsieur Näder?

Einmal hörte ich Monsieur Näder beim Frühstück sagen: *„Ecoute, Jean-Claude, le pain!"* (Brot). Ich antwortete: „Das Brot ist auf dem Tisch, *le pain est sur la table*". Aber: er sprach von Jean-Marie le Pen (gleiche Aussprache wie *pain*). Es war die Zeit der Wahlen Mitterrand/Chirac.

Dann bat er mich einmal, ihm die Haare zu schneiden. Meinen Hinweis, dass ich das noch nie gemacht hätte, ließ er nicht gelten: „Du machst das schon, *tu vas te débrouiller*!". Es wurde eine *„Coupe Météo"* daraus, ein meteorologischer Haarschnitt, *avec quelques éclaircies locales* – mit einigen lokalen Aufheiterungen auf seinem Kopf! Er war damit zufrieden.

Jean-Claude, eine kleine Zusammenfassung Deinerseits?

Es war immer eine entspannte *Ambiance* an Bord, auch wenn Madame Maria Näder an Bord war. Alles war gut, *comme un rêve* (wie ein Traum). Und Monsieur Näder liebte seine „Sunny Day" über alles. Ich möchte das Gespräch mit diesen Zeilen beenden:

Mon Dieu, protège moi! La mer est si grande et mon bateau si petit!

Den Support einer schützenden Instanz erhoffen sich alle Seefahrer!

***Merci beaucoup,* Jean-Claude.**

PS von Hans Georg Näder: Zu seinem 65. Geburtstag wurde Jean-Claude von mir mit einer silbernen Knoblauchzehe geehrt.

Ursula Grunau und
Jean-Claude Gonin in
St. Tropez, 2015.

Die Sunny Day im Trockendock.

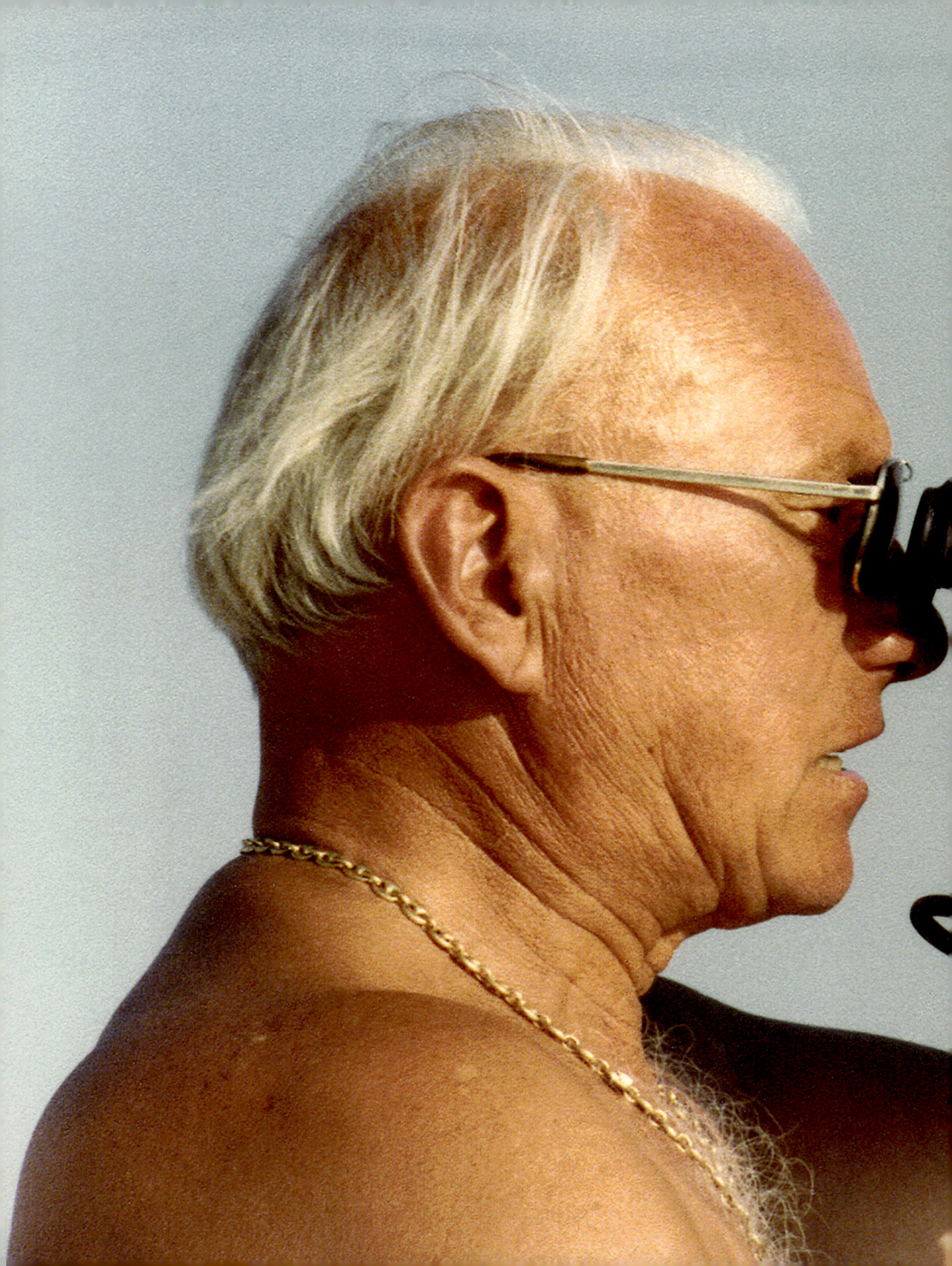

Beaulieu
R16

Zeit für den fünfjährigen Sohn
in Wyk auf Föhr, 24. Juni 1967.

„Meine Herren!"

Ein Gespräch über Vater und Sohn

Ein Tisch. Eine gemeinsame Mahlzeit. Dabei kommen die besten Gespräche zustande. So war es stets in der Familie Näder. Diesmal saß Hans Georg Näder mit Sebastian Peichl am reich gedeckten Tisch im Hinterzimmer eines kleinen Italieners in Berlin Grunewald. Ein Gespräch über Väter, Familie und das Leben.

Beginnen wir mit Deiner Geburt. Wie lief´s denn so?

Also höchstwahrscheinlich aufregend. Nicht für mich, sondern für meine Eltern. Denn nach langen Anläufen und intensiver Übung bin ich ja quasi ein Spätgeborener. Und die Überlieferung sagt, dass ich im September, ganz genau am 4. September 1961, bei einem fulminanten Gewitter morgens um 6.00 Uhr in Duderstadt das Licht der Welt erblickt habe und mit einem neugierigen Schrei, aber leider unterentwickelter Statur, direkt mit einem Notarzt in einen Göttinger Brutkasten verfrachtet wurde - wie alle sehen können, war dieser Brutversuch im späteren Alter dann überaus erfolgreich. *(lacht)*

Und wie hieß der kleine Hans Georg?

In den Augen meiner Mutter „Hasi". In der Wahrnehmung meines Vaters kann ich mich eigentlich nur an „meinen Sohn" erinnern. Oder in der strengeren Version „Hans Georg".

Warst Du ein Vater- oder Mutterkind?

Ich lebte, allein aus der Abwesenheit meines Vaters heraus geboren, primär mit meiner Mutter. Den Vater traf ich bei seinem Kommen und Gehen zu Hause, intensiver dann eher auf Reisen.

Wie streng war Dein Elternhaus?

(denkt nach) Bei meiner Mutter war es eher eine strenge Verzweiflung, dem Tun nicht Herr werden zu können. Bei meinem Vater war es das bekannte Prinzip „Zuckerbrot und Peitsche", deren Höchststrafe es war, mir die Kommunikation zu versagen. Das hat bei mir dazu geführt, dass ich in bestimmten Phasen seine Nähe gemieden habe.

Was für Konfrontationen gab es?

Wie gesagt in jungen Jahren habe ich eher die Flucht gesucht, was, glaube ich, auch nicht ganz unklug war. Ich erinnere mich da an einen legendären Zwischenfall: Vor lauter Euphorie über sein neues Auto, einen dunkelbraunen SL Roadster, hatte ich aus mehreren Metern Höhe Kieselsteine über den Wagen gestreut. Es kam zu einer Verfolgung von Vater Max bis in die tiefsten Gründe des Gartens, wo er mir dann mit dem legendären Rohrstock aus Bambus den Arsch versohlt hat. Auch das war Realität im Hause Näder.

Wie beschreibst Du Deine Kindheit?

Ich glaube, dass ich relativ früh ernst war und auch, dass ich relativ früh Verantwortung übernommen habe, z.B. in der Schule: Ich war Klassensprecher, Schulsprecher, wir hatten

ABC-Schütze Hans Georg mit Zuckertüte und stolzen Eltern am Tag seiner Einschulung, 28. August 1968.

eine eigene Schülerzeitung und viele andere Initiativen. Ich hatte auch ausgesprochen gute Freundschaften, die wohl eine Art Geschwisterersatz waren. Es war eine schöne Kindheit, aber vielleicht nicht mit viel wirklich Kindischem. Das lag aber auch an der Verfasstheit der Familie und unserem Fokus aufs Unternehmen. Vielleicht auch an der gesellschaftlichen Stellung.

Erinnerst Du Dich an Dein erstes selbst verdientes Geld?

Na klar! Das war für die Frau des ehemaligen Bürgermeisters Jünemann, eine passionierte Jägerin, für die wir Kastanien zum Füttern der Wildschweine gesammelt haben. Dafür gab es kleines Geld. In der späteren Schulzeit habe ich dann bei Ottobock Ferienjobs gemacht, vom Zusammenstellen technischer Informationen bis zum Zählen irgendwelcher Drehteile bis hin zu Lagerarbeiten. Mit diesen Jobs hab ich mir mein erstes Mofa verdient.

Wann folgten Deine ersten Schritte als Unternehmer?

Die ersten unternehmerischen Versuche waren Veranstaltungen. Zwanzig Jahre lang haben wir den legendären „Tanz in den Mai" durchgeführt. Das ist in Norddeutschland ein sehr bewährtes Format. Wir hatten bis zu 1.500 Besucher im Festzelt an der Tennishalle.

War der Event Manager Näder denn damit auch erfolgreich?

Also, damit auf jeden Fall! Mit weiterführenden Aktivitäten, wie der legendären Cocktailbar in Göttingen mit dem Namen „Café Wunderbar" war das anders. Das war sogar dermaßen

» Wir waren uns nicht immer einig, aber in between waren wir uns immer verbunden. «

Prof. Hans Georg Näder

wirtschaftlich unerfolgreich, dass mir mein alter Herr durch das Entziehen der Kreditlinie quasi die Luft aus meinem Gummiboot rausgelassen hat. *(schmunzelt)*

War es klar gesetzt, dass Du die Nachfolge Deines Vaters antreten wirst?

Das war ganz komisch. Das war eine unbewusste Zielhaftigkeit, die da zum Erfolg geführt hat. Max Näder hat in Interviews immer gesagt, seine Motivation 1961 das Haus am Hindenburgring zu kaufen, war die Schwangerschaft seiner Frau. Seine Motivation, das Investment 1964 in der Max-Näder-Straße, damals noch Industriestraße, zu machen, war die Geburt seines Sohnes. Und seine Motivation ein Haus im Tessin in der Kubakrise zu kaufen, war die Sicherheit für seine Familie. Es gab also ganz viele Momente, die einfach immer wieder, wenn auch nicht ausgesprochen, diese Unternehmensnachfolge als Ziel hatten.

Wann wurde Dir bewusst, dass Du diesen Laden einmal erbst?

Sebastian, mit mir und Ottobock, das war immer unausgesprochen, irgendwie klar. Trotz einiger Gedanken, die jeder Junge hat – Lokomotivführer, Zirkusdirektor, Zoochef, Astronaut und was es da nicht alles gibt – haben sie mich elegant da hingeführt, dass ich das auch nicht als Belastung empfunden habe. Das war das größte Privileg.

Hat Dein Vater die Wahl Deines Studiums beeinflusst?

(überlegt) Ingenieurwissenschaften, Physik, Medizin, hätten mich interessiert, aber ich war eigentlich immer so grottenschlecht in Mathe, Physik und Chemie. Es wäre ein Versuch gewesen, der zumindest in der Durchführung an Kenntnissen und Fähigkeiten gescheitert wäre. *(lacht)* In Sachen Ingenieurwissenschaften hat mein Vater bei mir auch gleich abgewunken, vielleicht

auch aus Eigenreflexion, also nach Otto Bock und Max Näder, den zwei genialen Ingenieuren, jetzt einen, der offensichtlich nicht so genial werden kann in dieser Profession. Da blieb mir Betriebswirtschaft, Volkswirtschaft und Jura. Jura fand ich schrecklich und es war für mich eigentlich immer die Frage, entweder VWL zu machen oder Betriebswirtschaft. An der Betriebswirtschaft ist das Gute, dass du eben Grundzüge lernst, die nicht schädlich sind für das, was ich heute tue.

Warum hast Du das Studium dann abgebrochen?

Ich bin als es meinem Vater gesundheitlich nicht so gut ging, quasi vor der Diplomprüfung ab ins elterliche Unternehmen, was ich im Nachklang auch nicht bereut habe. Das, was man in einem solchen BWL-Studium lernen konnte, habe ich gelernt, den Rest habe ich mir selbst angeeignet. Ich empfinde das auch nicht als Abbruch, sondern es war eigentlich ein Aufbruch für mich.

Ein Spruch Deines Vaters, der Dir heute noch in den Ohren dröhnt?

Hhm. Das waren die ermahnenden Worte „Meine Herren!" – die voll umfangreich eine kollektive Ermahnung den eigenen Sprössling inkludierend waren. „Meine Herren!" war so die Höchststrafe.

Was hat Dich am meisten an Deinem Vater beeindruckt?

Sein Fokus auf Präzision, Pünktlichkeit und Qualität, das ist so was, das nachdrücklich in mir hängengeblieben ist. Und Max Näder war garantiert ein lebensbejahender, charmanter, auch den schönen Dingen des Lebens zugetaner Mensch, aber in seiner inneren Verfasstheit auch extremst verlässlich, präzise und qualitätsbewusst. Nicht nur in seinem Tun, sondern auch in seinen menschlichen Beziehungen und Freundschaften war er extrem verlässlich und integer. Heute sagt man *committed*.

"... ein strenges Gegenüber."
Vater und Sohn 1987.

Was hat Dich am meisten an Deinem Vater gestört?

Eigentlich sein wertkonservatives Weltbild und vielleicht der Mangel an liberalem Gedankengut. Das hatte eher meine Mutter verankert.

» Mit mir und Ottobock, das war immer unausgesprochen irgendwie klar. «

Prof. Hans Georg Näder

War er eigentlich auch ein Freund?

In älteren Jahren natürlich, in jüngeren Jahren, und das ist, denke ich, auch ein Teil von Vater-Sohn-Sozialisierung, war er ein eher strenges Gegenüber. Er war auch ein Erzieher, der sein Kind formen wollte. Und er war Kontrapart. Es gab legendäre Wortgefechte am Mittagstisch, wo wir uns gestritten haben – also, da war schon Action. Wir waren uns nicht immer einig, aber *in between* waren wir uns immer verbunden.

Als Du die Leitung mit 28 Jahren übernommen hast, blieb Dein Vater als Senior beratend präsent? Wie ging es Dir damit?

Am Anfang ist das natürlich eine anstrengendere Wahrnehmung, da können wir die Familie Peichl garantiert auch als gutes Beispiel nehmen. Es ist anstrengend, diesen dominanten Erzeuger im Nacken zu haben. Er hat damals meine Aktennotizen nicht nur gelesen, sondern Bemerkungen draufgeschrieben oder im worst case noch redigiert oder gesagt „Kann man so gar nicht sagen". Was ich die ersten drei bis fünf Jahre als anstrengend empfunden habe, wurde dann zum Plaisir. Wir haben damit auch unseren Schmäh gemacht, der Alte huldigt dem Jungen und der Junge huldigt dem Alten.

Wie würdest Du den Führungsstil Deines Vaters in einem Wort schreiben?

Vollkommen patriarchalisch, autoritär.

Wie würdest Du Deinen Führungsstil beschreiben?

Wenn ich ihn beschreibe, würde ich ihn ja immer als Teamchef mit Führungsanspruch beschreiben. Wenn wir Protagonisten fragen, kann es auch sein, dass sie die eine oder andere Nuance als autoritär und patriarchalisch oder gar anarchisch empfinden.

Welche Stellung nimmt Dein Vater in der Entwicklung der Orthopädietechnik ein?

Max Näder hat auf jeden Fall mit dem Ottobock Modular-System eine systemverändernde Erfindung gemacht, die heute ja Weltstandard ist. Und er hat mit der Myoelektrik von Ottobock vor dem Hintergrund der

*» Max Näder hat
sich durch seine Lebensleistung
selbst ein Denkmal gesetzt. «*

Prof. Hans Georg Näder

Versorgungsnotwendigkeit der Contergankinder bereits die Tür geöffnet zu Themen, die uns heute beschäftigen wie Man Machine Interfaces und Human Bionics. Er war mit den myoelektrischen Armprothesen ein *Game Changer* in der technischen Orthopädie.

Was macht, aus Deiner Sicht, die Lebensleistung Deines Vaters aus?

Die echte Lebensleistung war im Endeffekt der Wiederaufbau des nach dem Zweiten Weltkrieg komplett enteigneten Unternehmens. Als Schwiegersohn eines Patriarchen die Kraft, den Mut und den Willen zu haben, ein damals höchstwahrscheinlich so viel größer erscheinendes Lebenswerk seines Schwiegervaters neu zu etablieren. Und das nach dem Totalverlust und dem traumatischen Kriegserlebnis, das sie ja beide unterschiedlich erfahren hatten.

Gab es einen Zeitpunkt, zu dem Du gespürt hast, dass Du aus dem Schatten Deines Vaters herausgetreten bist?

Einmal spürst du das natürlich am wirtschaftlichen Erfolg. Und der gibt dir Selbstvertrauen. Ich glaube, so eine Zeitenwende war die Wiedervereinigung und Königsee. Für Vater war das eine echte Herzensangelegenheit, die aber mit Inhalt gefüllt werden musste. Ich hatte damals zwar keine Ahnung von Rollstühlen, habe aber in Linz 1990 ein kleines Start-up gekauft und dann haben wir angefangen, Rollstühle in Königsee zu bauen. Vater wäre so ein Risiko nicht eingegangen, aber da kam letztlich die Verrücktheit des Sohnes mit der Empathie des Vaters zusammen.

Was verbindest Du mit dem Max Näder Haus?

Mir geht es sicher nicht darum, meinem Vater ein Denkmal zu setzen. Max Näder hat sich durch seine Lebensleistung selbst ein geschichtliches Denkmal gesetzt. Das Max Näder Haus ist ja mein Elternhaus. Und für mich ist es Bindeglied aus Geschichte, Vergangenheit und Zukunft – aber, wie Du mich ja kennst, Sebastian, eigentlich immer ausgerichtet in die Zukunft. Und so sind diese „100 Jahre Max Näder" für mich ein Wendepunkt in Richtung Zukunft, in Richtung AG-Gründung, in Richtung Börsengang, in Richtung Berlin, in Richtung Generationenwechsel.

Apropos Generationswechsel. Was können denn Deine beiden Töchter heute schon besser als Du?

Also, die können auf jeden Fall, denke ich, besser mit ihrer Einbindung in die Familiengeschichte und Firmengeschichte umgehen, weil sie eben nicht in der Rolle, dieser gelungenen, aber doch herausfordernden Nachfolge sind. Da sind sie freier. Und die Freiheit sollte ihnen auch eine größere Entspanntheit geben in ihrer Orientierung auf ihrem Lebensweg.

Erinnerst Du Dich an lobende Worte Deine Vaters?

Na ja, das wurde ja das erste Mal öffentlich gemacht an meinem Vierzigsten, wo er gesagt hat: „Sehr geehrte Damen und Herren, es ist mir eine Ehre, mich im Schatten meines Sohnes zu sonnen." Mit Vierzig ist das natürlich eine Frühsonne.

Wie würde Dir Dein Vater heute zeigen, dass er stolz ist auf Dich?

Im besten Fall wahrscheinlich gar nicht. Durch einen Näder-Smile und er würde sagen: „Na ja, ist ja gar nicht so schlecht."

Was würdest Du Deinem Vater heute gerne sagen?

„Deine ‚Sunny Day' ist in Finnland auf der Werft", „Julia macht ihren Bachelor", „Georgia macht ihr Abitur" und „Dein Sohn hat seinen derzeitigen Seelenfrieden in Lateinamerika gefunden", was ihn auch interessieren würde. Würde ihm aber auch sagen: „Ich habe es immer noch nicht geschafft, nachhaltig abzunehmen und habe jetzt auch noch angefangen, wie Otto Bock Zigarren zu rauchen."

Das Gespräch führte **Sebastian Peichl**, Geschäftsführer der Berliner Agentur FTWild und langjähriger Kreativberater von Prof. Hans Georg Näder.

Unser Großvater zwischen Business und Privatleben

Hans Georg Näder mit seinen Töchtern Julia und Georgia Näder, Silvester 2014 in St. Moritz/Schweiz.

Beim gemeinsamen Urlaub mit ihrem Vater zur Jahreswende 2014/2015 in St. Moritz beantworten Julia Näder (24) und Georgia Näder (17) Fragen zu ihrem Großvater und zum Familienunternehmen aus ihrer Sicht.

Sie haben Ihren Großvater erlebt, als er bereits im Ruhestand war. Wenn Sie Ihn beschreiben, welche Eigenschaften fallen Ihnen als Erstes ein?

Julia: Ganz liebevoll, ganz fürsorglich und sehr heimatverbunden. Er hat das Familienleben sehr geschätzt. Außerdem war er der Geschichtenerzähler, der uns immer ganz viel aus alten Zeiten erzählt hat.

Georgia: Geschichten aus seiner Kindheit und Jugend, aus dem Krieg und seiner Zeit in Afrika.

Julia: Da hat man auch mal bis drei Uhr nachts zusammengesessen.

Was bedeutet Ihnen das Haus Ihrer Großeltern am Hindenburgring 39, das Elternhaus Ihres Vaters?

Julia: Ich habe ein sehr emotionales Verhältnis zum Haus meiner Großeltern und viel Zeit dort verbracht. Es gab hinten im Garten einen kleinen Gemüsegarten und einen Hühnerstall. Oma und Opa hatten extra für mich Hühner angeschafft und später einen Wellensittich, dem sie das Sprechen beibrachten. Zum Frühstück rief der immer „Wo ist Julia?"

Georgia: Ich war ganz oft mit Mama zum Mittagessen dort, wenn sie mich von der Schule abgeholt hatte. Der Garten war toll. Hier haben wir viele lustige Sachen erlebt und oft Verstecken gespielt. Papas Schildkröte Susi, die im Garten ihr Häuschen hatte, ist uns immer hinterhergelaufen.

Als Ihr Großvater einmal gefragt wurde, was ihm die Familie bedeute, war die Antwort: Alles. Können Sie das bestätigen?

Julia: Ja, unbedingt.

Julia, Ihre enge Bindung an ihren Opa ist auf unzähligen Fotos dokumentiert. So auch beim offiziellen Festakt zu seinem 80. Geburtstag. Sie waren damals fünf Jahre alt und wichen ihm nicht von der Seite. Ihr Vater sagte, Sie

und Ihr Opa seien ein unschlagbares Team.

Julia: Ja, er hat mir sogar einmal seinen ersten Französisch-Spicker geschenkt und meinte: Zum Spicken für die Schule, aber lass dich nicht erwischen. Ich durfte auch einmal auf seinem Schiff die ganze weiße Esstischdecke mit Buntstiften bemalen. Er saß daneben und freute sich über meine Kreativität.

Großeltern genießen das Vorrecht, ihre Enkelkinder zu verwöhnen. Was haben Sie bei Ihren Großeltern am meisten genossen?

Julia: Eigentlich war das bei Oma und Opa immer das Fürsorgliche, und dass es immer das Lieblingsessen von allen gab: selbstgemachte Kartoffelpuffer.

Georgia: Und Schokopudding mit Vanillesauce.

Hat denn Ihre Oma selbst gekocht, oder war eine Köchin im Haus?

Julia: Frau Gatzemeier war da und wir haben auch manchmal zusammen gekocht. Gegessen wurde immer in dem schönen Zimmer zum Garten, da war es gemütlicher als im eigentlichen Esszimmer.

Angenommen Ihre Kinder fragen Sie später einmal nach ihrem Opa Max. Was erzählen Sie?

Julia: Opa war Geschäftsmann, aber für uns immer der Opa. Auf der einen Seite der taffe Businessman, auf der anderen Seite der lockere Familienmensch, der immer zu Späßen aufgelegt war. Beindruckend war auch, dass er sich für so viele Dinge interessierte und eine so große Allgemeinbildung hatte.

Georgia: ... und dass er uns an seiner Geschichte, an seinem Leben hat teilnehmen lassen.

Julia und Georgia vor der New Yorker Skyline.

Ihr Großvater war vital bis ins hohe Alter. Er ging täglich schwimmen und war strikt gegen das Rauchen. War er ein Vorbild in gesunder Lebensweise?

Julia: Und wie er früher geraucht hat! Das sieht man auf vielen alten Bildern. Nein, er war nicht strikt gegen das Rauchen. Er hat nur gesagt, im Alter muss man damit aufhören. Auch essen könne man vorher alles, was man möchte,

Urlaub mit Opa in Cannes, 2006.

nur später müsse man gesund leben. Bei ihm habe es irgendwann Klick gemacht und dann habe er anders gelebt, aufgehört zu rauchen ...

Georgia: ... und Knoblauch gegessen.

Julia: Genau. Und er legte viele Ordner an zu gesundheitlichen Themen, z.B. mit Ausschnitten aus Gesundheits-Journalen. Die hat er mir dann auch geschickt. Ich habe dann immer pfundweise Post von Opa gekriegt.

Georgia: Ich kann mich auch noch an ein Frühstück erinnern, wo er mir erklärt hat, was alles in sein Müsli reinkommt. Mindestens zehn Minuten lang hat er die Zutaten aufgezählt.

Also ein Gesundheitsapostel?

Julia: Zum Schluss ja.

Sie gehören einer Unternehmerfamilie mit Weltruf an. Ist man sich als junger Mensch dessen bewusst?

Julia: Unser Uropa und unser Opa haben Entscheidendes für die Entwicklung der Orthopädietechnik geleistet. Unser Vater führt das weiter in der dritten Generation und wird mit Ehrungen und Auszeichnungen überhäuft. Da ist man stolz und sieht darin auch ein Vorbild, dem man nacheifern will.

Georgia: Ja, auf jeden Fall.

In Unternehmerfamilien sind Business und Privatleben kaum voneinander zu trennen. Hat z.B. Ihr Opa zu Hause viel von der Firma erzählt?

Julia: Morgens, mittags, abends. Firma und Familie kann man nicht trennen. Auch zu Hause drehte sich alles um die Firma. Es ist schon oft so, dass Firmenthemen das Privatleben dominierten. Gerade in Opas Berichten, wie er damals mit meiner Oma alles aufgebaut hat, wurde deutlich, wie eng die Familie damit verbunden war. Ein Stück des Lebens einfach. Damit setzt man sich dann auch den ganzen Tag auseinander. Selbst abends ging Opa immer noch einmal in die Firma und hat irgendwelche Unterlagen geholt.

Schon von klein auf sind Sie bei repräsentativen Firmenanlässen dabei. Ist das eher eine lästige Pflicht oder sitzen Sie gern in der ersten Reihe?

Georgia: Das gehört in einer Unternehmensfamilie dazu und es bedeutet uns sehr viel, bei Jubiläen, Verleihungen und anderen Firmenevents an der Seite unseres Vaters präsent zu sein.

Er möchte Ihnen interkulturelle Kompetenz und Empathie für die Marke und das Unternehmen mitgeben. Entspricht das auch Ihren Idealen?

Georgia: Ich denke, das ist schon wichtig. Empathie ist Papas Lieblingswort.

Gibt es für Sie negative Aspekte, in einer Unternehmerfamilie aufgewachsen zu sein?

Julia: Man ist viel unterwegs.

Georgia: Manchmal sehe ich meinen Vater ein paar Monate nicht. Da ich samstags Schule habe, ist es schwierig, eben mal nach Berlin zu fahren, wo er sich oft aufhält. Meinen Führerschein habe ich aber bereits gemacht und wenn ich im März 18 werde, wird alles ein bisschen einfacher.

Ihr Vater reist rund um den Globus und liebt es, seine Inspirationen an unterschiedlichsten Plätzen der Welt einzufangen. Auch ihre Großeltern waren ausgesprochen reiselustig und v.a. gern auf dem Schiff unterwegs. Teilen Sie diese Leidenschaft? Wo reisen Sie am liebsten hin?

Georgia: Ich mag Winter, deswegen ist Arosa eins meiner Lieblingsreiseziele. Schon bei Oma und Opa war es Tradition, den Jahreswechsel dort zu verbringen. Wir sind sonst auch jedes Silvester da und ich bin ein wenig traurig, dass wir die Familientradition durchbrochen haben und dieses Jahr nach St. Moritz gefahren sind. Im Sommer liebe ich Sardinien und Südfrankreich. Dort ist es immer wie Nachhausekommen, man weiß, was einen erwartet. Aber zwischendurch gibt es natürlich auch mal neuere Ziele.

Julia: Ich mag den Sommer lieber, das Meer. Ich habe ja lange auf Sylt gelebt.

Julia, Sie studieren in Berlin Betriebswirtschaft. Liegt in Ihrer Studienwahl eine familiäre Vorprägung?

Julia: Ich glaube schon, weil zu Hause auch viel darüber diskutiert wurde. Und Opa hat mich schon beeinflusst, in diese Richtung zu gehen. Er hat mich oft abends mit in die Firma genommen, ist mit mir herumgegangen, hat mir die Maschinen gezeigt und die Prothesenherstellung erklärt. Orthopädie- und Medizintechnik interessieren mich sehr – ich hatte sogar einmal kurzzeitig überlegt, Medizin zu studieren. Nun studiere ich BWL – ich rechne gern, das habe ich auch von Opa.

Georgia, Sie machen nächstes Jahr Ihr Abitur. Haben Sie schon konkrete Vorstellungen, in welche Richtung Sie gehen wollen?

Georgia: BWL oder auch Internationale Betriebswirtschaftslehre. In diese Richtung bin ich einfach von zu Hause aus reingewachsen. Mathe mag ich auch gern, das liegt bei uns in der Familie.

Wie bereiten Sie sich auf eine mögliche Zukunft im Unternehmen Ihres Vaters vor?

Georgia: Vorletztes Jahr habe ich zwei Praktika bei Otto Bock gemacht. Beim ersten habe ich mich in allen Abteilungen umgeschaut, das zweite war intensiver, weil ich mich auf spezielle Gebiete konzentriert habe: Future Planning und Akquisemanagement. Das hat unendlich viel Spaß gemacht. Anschließend bin ich mit meinem Vater vier Wochen durch die Welt gereist. Unter anderem habe ich ihn nach Kuba begleitet, wo ich ihn bei einer Krankenhausbesichtigung vertreten habe. Das war sehr interessant. Außerdem war

Oft zusammen auf dem Wasser unterwegs. Îles de Lérins, Cannes.

ich bei ganz vielen Meetings dabei. Nach dem Abitur möchte ich ein etwas längeres Praktikum in Austin/Texas machen. Die Baufortschritte unserer von Minneapolis nach dort verlegten Auslandsgesellschaft habe ich von Anfang an mitverfolgt.

Können Sie sich gut vorstellen, dass Ihr Vater Ihnen die Firma einmal übergibt?

Georgia: Ja. Ich finde aber auch richtig, dass er sagt, der Beste gewinnt. Es soll ja auch jemand machen, der die besten Kompetenzen aufweist.

Duderstadt war für Ihren Großvater nach eigenen Worten ein Glücksfall, als er nach dem Zweiten Weltkrieg auf Standortsuche war. Ihr Vater hält an Duderstadt als Headquarter seines globalen Unternehmens fest. Er bezeichnet Duderstadt als seinen Heimathafen. Was bedeutet Ihnen Duderstadt?

Georgia: Das ist echt `ne gute Frage. Ich muss sagen, ich bin froh, dass ich da aufgewachsen bin, aber ich glaube, ich habe den richtigen Zeitpunkt erwischt, um wegzuziehen. Jetzt bin ich in Schleswig Holstein, im Internat Louisenlund zwischen Eckernförde und Schleswig. Das ist die Schule, auf der Julia auch war. Das Gymnasium ist zwar sehr gut in Duderstadt, aber der Absprung nach der achten Klasse war einfach richtig für meine Entwicklung. Dadurch, dass uns in Duderstadt alle kennen, zieht man sich viel mehr zurück. Man kann sich da nicht so frei entfalten, wie ich es jetzt in Louisenlund kann. Hier interessiert es niemanden, wer Papa ist.

Als ihr Großvater 1947 die Firma aufbaute, kam er mit Zähigkeit, Experimentierfreudigkeit und innovativen Entwicklungen zum Ziel. Als Firmenchef baute er auf preußische Tugenden wie Disziplin, Pünktlichkeit, Verlässlichkeit, Pflichterfüllung. Was müssen junge Menschen wie Sie heute mitbringen, um erfolgreich zu sein?

Georgia: Entscheidend ist, dass man auch mal im Ausland war, nicht nur die eine Sache gesehen hat, sondern verschiedene Dinge. Damit man erkennt, wie unterschiedlich Länder und Menschen sein können. Das ist ganz wichtig. Ich will auch nicht sofort mit meinem Studium beginnen, sondern erst einmal in anderen Ländern arbeiten. Andere Unternehmen anschauen.

Das Haus Ihrer Großeltern, jetzt Max Näder Haus, beherbergt u.a. das Ottobock Firmen- und Familienarchiv. Es sichert und erschließt relevante Dokumente der Firmengeschichte, um sie für die Zukunft nutzbar zu machen. Wie wichtig ist Ihnen die Firmen- und Familiengeschichte?

Julia: Ganz wichtig, weil das unsere Wurzeln sind. Ich finde es einfach auch schön, wenn man nachvollziehen kann, was unsere Urgroßeltern und Großeltern gemacht haben.

Georgia: Dass wir wissen, wie unsere Geschichte ist, das ist gerade das Interessante an dem, was Opa früher immer erzählt hat. Er selbst hat sehr großen Wert auf die Firmen- und Familiengeschichte gelegt.

Julia: Unsere Geschichte ist ja auch eine sehr spannende deutsch-deutsche Geschichte mit der Enteignung und dem Wiederaufbau. Opa hat nicht nur viel darüber erzählt, sondern auch viele Dokumente aufgehoben und familiengeschichtliche Dinge schriftlich festgehalten. Genau wie Oma mit ihren Tagebüchern. Sie hat immer gesagt: Mädchen schreib Tagebuch. Haltet alles fest, das ist alles so wichtig und gebt es weiter an Eure Kinder.

Hat die Sicherung des historischen Erbes in Ihren Augen einen Nutzen für das Unternehmen?

Julia: Ich glaube, dass die Unternehmensgeschichte bei Ottobock ein wichtiger Teil der Unternehmenskultur ist. Ich stimme meinem Vater zu, wenn er sagt, wir nutzen unsere Geschichte als Triebfeder für die Zukunft. Das zahlt sich für das Unternehmen aus.

Sehen wir Sie in Duderstadt zum 100. Geburtstag Ihres Großvaters?

Beide (unisono): Ja, natürlich.

Das Gespräch führte **Maria Hauff**, Ottobock Firmen- und Famlienarchiv.

Julias Konfirmation, Besuch der Großeltern, Kampen / Sylt.

404
Barc
ona '92

Engagement für Menschen

Bürgerunternehmer, Mäzen, Hilfsprojekte

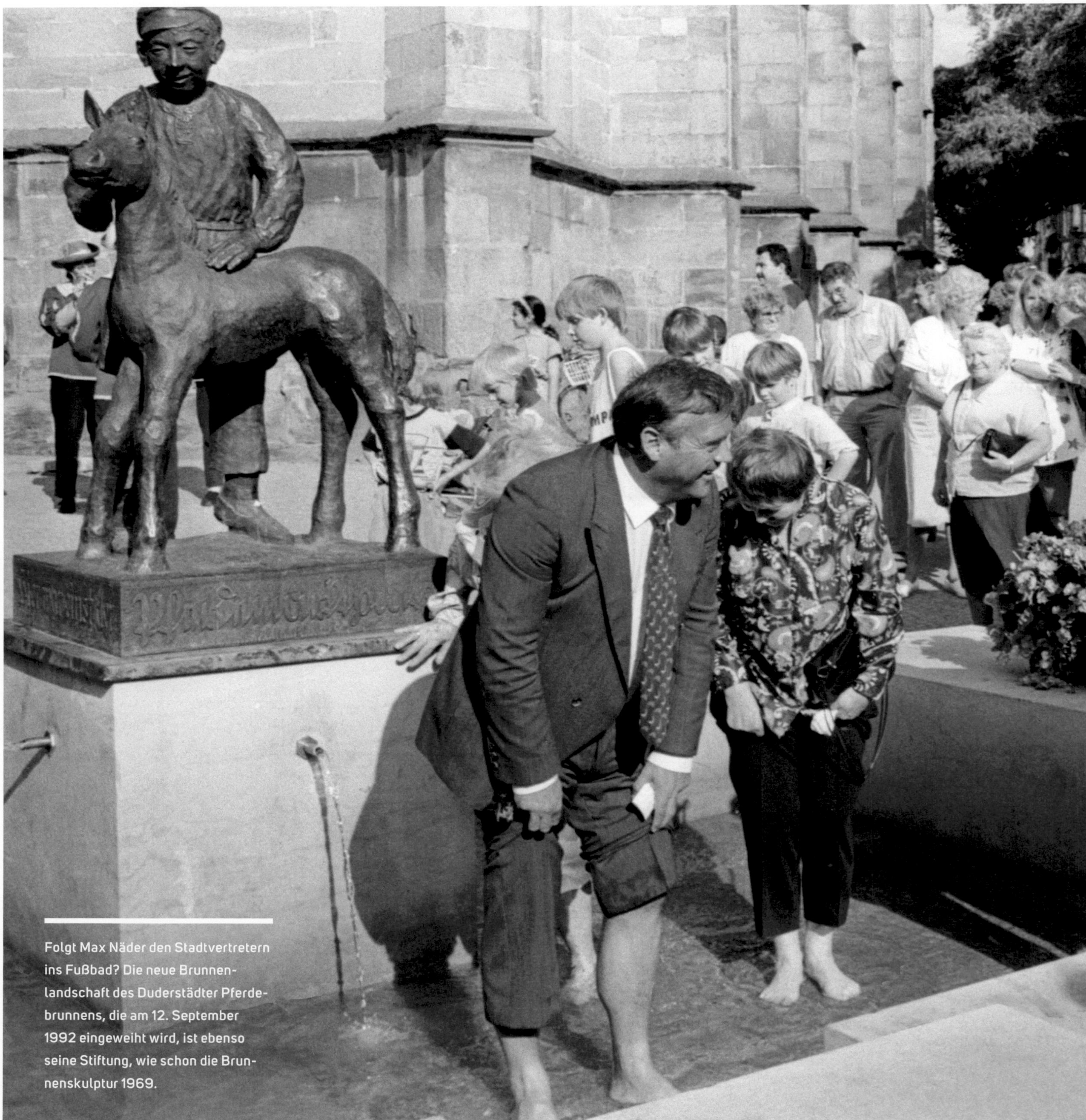

Folgt Max Näder den Stadtvertretern ins Fußbad? Die neue Brunnenlandschaft des Duderstädter Pferdebrunnens, die am 12. September 1992 eingeweiht wird, ist ebenso seine Stiftung, wie schon die Brunnenskulptur 1969.

In der Region, für die Region und darüber hinaus

Ursula Grunau

Ein Blick auf die Liste der hochkarätigen Auszeichnungen und zahlreichen Ehrenämter verdeutlicht Dr. Näders Lebensleistung und die damit verbundene Wertschätzung. Fast vier Jahrzehnte durfte Ursula Grunau sein berufliches Wirken als seine Chefsekretärin begleiten, wichtige Firmenentscheidungen und private Ereignisse miterleben. Ihr Beitrag stellt den Menschen Max Näder und sein vielfältiges philanthropisches Engagement in den Mittelpunkt.

Helfen ist Ehrensache

Wahrscheinlich war es die Not der Nachkriegsjahre mit Verlust der Thüringischen Heimat und des Unternehmens in Königsee, die das junge Ehepaar Maria und Max Näder für soziales und gesellschaftliches Engagement sensibilisierten. Sie fanden in Duderstadt eine neue Heimat und starteten einen schwierigen betrieblichen Neuanfang. Über Jahrzehnte hat sich die Familie Näder als Förderer sozialer, kultureller, karitativer und sportlicher Aktivitäten um die gesamte Region verdient gemacht. Ein Segen für Duderstadt, nicht nur wegen der ständig steigenden Zahl sicherer Arbeitsplätze bei Otto Bock, sondern auch aufgrund der beispielhaften Haltung als Unternehmerfamilie – so kann man es auf den Punkt bringen.

Christliche Werte, große Menschlichkeit und persönlicher Fleiß waren einige der Voraussetzungen für den Beginn der Duderstädter Firmen-Ära. „Ich habe Glück gehabt, dass ich in

Für den Schützenumzug 1966 stellt Max Näder seinen blumengeschmückten Mercedes zur Verfügung.

diese Familie hineingeboren worden bin und mit diesen Werten, dieser Tradition und Kultur aufwachsen durfte. Wenn man solches Glück hat, sollte man auch etwas an die Menschen zurückgeben", schreibt Hans Georg Näder 2013 unter der Überschrift „Heimat verpflichtet". Besser kann man die noble Haltung einer Bürgerunternehmerfamilie nicht beschreiben.

Als Ehrenmitglied der Duderstädter Schützengesellschaft seit 1985 hat Max Näder so manchen Ausmarsch absolviert. Hier beim Duderstädter Schützenfest 1997 in einer Reihe mit MdL Lothar Koch und Schützenhauptmann Ernst-Wilhelm Werner *(v. l.)*.

In der Region, für die Region und darüber hinaus

Überall in Duderstadt sind die Spuren Max Näders zu finden. Der Pferdebrunnen an der unteren Marktstraße ist ein sichtbares Zeichen für frühes Bürger-Engagement. In der evangelischen Kirche St. Servatius wird Näders großzügige Spende einer Ahrend-Orgel in wunderbarer Weise hörbar. Im katholischen Eichsfeld war es für die evangelische Familie Näder eine Herzensangelegenheit, den beeindruckenden Kirchenbau mit diesem außerordentlichen Instrument zu bereichern. Hans Georg Näder lebt diese Tradition später weiter, unterstützt die Kirchenrenovierung von St. Servatius und ebenso spendet er die Glocke der Einheit für die katholische Propsteikirche St.Cyriakus.

Die Duderstädter Vereine konnten sich auf die Großzügigkeit ihres Mitgliedes Max Näder stets verlassen. Für Sport- und Schützenverein sowie Rotes Kreuz und VdK hatte er stets ein offenes Ohr. Die Duderstädter Feuerwehr überraschte er 1978 bei den Feierlichkeiten zum 25. Jubiläum der Otto Bock Kunststoff mit einem neuen Einsatzfahrzeug. Denn Kunststoff sei oft sehr feuergefährlich, begründete er seine guten Beziehungen zu den Brandschützern.

Naturschutz war für Max Näder lebenslange Passion. Mit seinem Engagement für die Heinz Sielmann Stiftung auf Gut Herbigshagen hat er sich ein bleibendes Denkmal gesetzt.

Persönliche Erinnerungen

Ursula Grunau

Die Schützenfahne der Schützenkompagnie Königsee ist eine Stiftung ihres Ehrenmitgliedes Max Näder. Anlässlich der Fahnenweihe 1996 findet er sich zum Gruppenbild mit seinen Schützenbrüdern ein. Auch dabei: Bürgermeister Karl-Heinz Hoppe mit Amtskette.

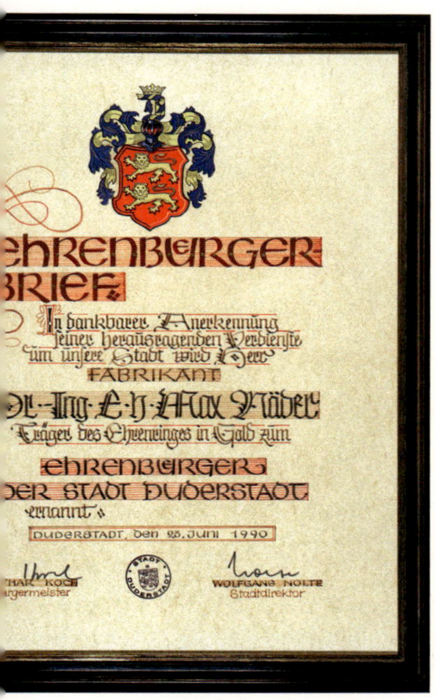

Seit 1990 Duderstädter Ehrenbürger: Nur wenige Menschen sind bislang für ihre Verdienste um die Stadt in den Genuss dieser Ehrung gekommen.

Einige Grundzüge reflektieren die einzigartige Persönlichkeit meines verehrten Chefs Max Näder: Hohe Arbeitsdisziplin und protestantische Ethik, souveräner Umgang mit den Unzulänglichkeiten des betrieblichen Alltags, starke Nerven (Bärenruhe, wie Maria Näder sagte). Ebenso seine menschliche Haltung, sein Humor und sein chevaleresker Charme eines wahren Gentleman.
Uns verband das Vergnügen am Savoir-vivre und zuweilen die Lust an der Poesie. Dazu ein kleiner Beitrag aus seiner und meiner Vergangenheit: Ich hatte eines Tages ein schönes Ringbuch auf seinen Schreibtisch gelegt. Auf dem Umschlag waren Muscheln abgebildet: à cause de sa passion pour la mer.
Ich dachte, er würde vielleicht kleine feine Gedichte oder Aphorismen mögen. Neben dem ersten Gedichteintrag hatte ich notiert: „Wenn Sie dieses poetische Ringbuch auf Ihrem Schreibtisch liegen lassen, werde ich es mit der Zeit mit Einträgen füllen." So geschah es. Hineingeschrieben habe ich zu seinen Geburtstagen und zum Jahreswechsel und manchmal auch zwischendurch, spontan, Gedichte, Gedanken. Hin und wieder habe ich auch Fotos von besonderen Gelegenheiten hinzugefügt. Ich erinnere z.B. eines von seinem 85. Geburtstag an der Côte d'Azur. Er sitzt an einer opulent gedeckten mediterranen Tafel auf der Île Sainte Marguerite, schaut in die Kamera, lächelt unnachahmlich – un vrai Grandseigneur!
Dr. Näder hat sich stets für einen neuen Eintrag bedankt, und es ist auch erwiesen, dass er im Buch gelesen hat, denn einmal kam er zu mir ins Sekretariat und sagte: Frau Grunau, ein Gedicht haben Sie zweimal verwendet! (Das war vermutlich eines, das mir selbst sehr am Herzen lag.)
Max Näder stand und steht für: Kühnheit, Entschlossenheit, Weitsicht, Passion und Lust am Leben!

Ursula Grunau (Jahrgang 1939, Foto Mitte), Senior Assistant Prof. Hans Georg Näder, war bis 1990 Sekretärin von Dr.-Ing. E.h. Max Näder

Am 24. 6. 2010 wird am Königseer Dr. Max Näder Gymnasium ein Gedenkstein zu Ehren des Namensgebers enthüllt. Max Näder wäre an diesem Tag 95 geworden.
Unten: Mit Niedersachsens First Lady Hiltrud Schröder verfolgt Max Näder von der Zuschauertribüne aus die sportlichen Wettkämpfe beim Paralympics Revival 1995 in Duderstadt. Die Gattin des Ministerpräsidenten engagiert sich gemeinsam mit Näder für soziale Projekte.

Als Stifter und Kuratoriumsvorsitzender der 1987 gegründeten Otto Bock Stiftung hat Max Näder die interdisziplinäre Zusammenarbeit in der Orthopädietechnik gefördert. Zahlreiche Forschungs- und Entwicklungsprojekte wurden von ihm angestoßen und Veröffentlichungen unterstützt.

In der Stiftungssatzung sind mildtätige Zwecke aufgeführt; es wurden zahlreiche Hilfsprojekte gefördert. Die Hilfsaktion „Hoffnung geben – Hoffnung leben" nach dem Elbe-Hochwasser 2002 wurde mit einem großen Stadtfest bekanntgemacht. Unter der Regie von Hans Georg Näder wurde die Versorgung von Kindern in Krisengebieten ausgebaut, z.B. nach dem Erdbeben auf Haiti.

Über die Jahrzehnte engagierte sich Max Näders Ehefrau Maria für die SOS-Kinderdörfer.

Seit frühester Jugend war Max Näder sportlich aktiv. Er brachte die ausgleichende und integrative Wirkung des Sports schon sehr früh in sein Unternehmen ein und gründete Betriebssport-Gemeinschaften. Viele Urkunden und Pokale zeugen von den Erfolgen der verschiedenen Sparten in der ganzen Region.

Der Sportsmann Max Näder verfolgte stets interessiert die Entwicklung des Behindertensportes. Nach dem ersten Otto Bock-Einsatz 1988 in Seoul suchte er den Kontakt zu jungen Spitzensportlern in Deutschland. In einem Otto-Bock-Video sind die Spiele 1992 in Barcelona festgehalten und es werden die Paralympics Revivals aus der Taufe gehoben. Seit der ersten Veranstaltung 1993 in Göttingen und ab 1995 in Duderstadt war Max Näder stets dabei. Er hat als Offizieller gern Siegerehrungen durchgeführt, z.T. gemeinsam mit Frau Prof. Dr. Rita Süssmuth. Das Mitte der 90er Jahre in Königsee erbaute Staatliche Gymnasium trägt seit Januar 1997 den Namen des Ehrenbürgers der Stadt: „Dr. Max Näder Gymnasium Königsee". Sein Engagement unterstrich er im Dezember 1999 durch die Gründung einer Stiftung, die u.a. jährlich die besten Abiturienten mit einer Geldprämie auszeichnet. Ein Gedenkstein auf dem Schulgelände erinnert seit 2010 an den großen Förderer dieser Bildungseinrichtung.

Ein Glücksfall für Duderstadt

Lothar Koch/Wolfgang Nolte

24. Juni 2015 – 100. Geburtstag unseres Ehrenbürgers Dr. Max Näder – für Duderstadt und das Eichsfeld ein ganz großer und besonderer Tag. Wir denken dabei natürlich an

- den Fabrikanten Dr. Max Näder, der sich herausragende Verdienste mit historischer Dimension für unsere Heimat erworben hat,
- die große Persönlichkeit, die nach dem leidvollen Verlassen der Thüringer Heimat mit unendlich viel Arbeit, Kompetenz und Kreativität hier einen Neubeginn gestartet und das Orthopädietechnik-Unternehmen Otto Bock zu der national und international führenden Adresse entwickelt hat,
- den Menschen Max Näder, der in vorbildlicher Art stets ein offenes Ohr, ein offenes Herz und eine offene Hand für seine Mitarbeiterinnen und Mitarbeiter und für viele Anliegen, Sorgen und Nöte unserer gesamten Stadt und Region auf sozialem, karitativem, kulturellem, sportlichem und wirtschaftlichem Gebiet hatte und
- ganz besonders an den Weggefährten und Freund, mit dem wir immer wieder vertrauensvoll und zukunftsorientiert Gedanken austauschen konnten.

Wir denken aber auch an den Duderstädter Mitbürger, der persönliche Freundschaften pflegte, der gern unser Schützenfest intensiv mitfeierte, der beim alljährlichen Volkstrauertag wie selbstverständlich dabei war, der beim Wohltätigkeitskonzert so manches Mal seinen Lieblingsmarsch „Alte Kameraden" dirigierte und der bei der Freigabe des Brehmelaufes sich nicht scheute, mit den Kindern Schuhe und Strümpfe auszuziehen, ins Wasser zu steigen und so die Akzeptanz des Projektes zu fördern, der viele Initiativen fördernd begleitet und unterstützt hat und selbst immer wieder besondere Akzente setzte.
Als einen Kapitän, der sein Schiff sicher steuerte, der routiniert und diszipliniert arbeitete und dessen große Lebenswünsche – vom Verantwortungsübergang in der eigenen Familie bis hin zur Deutschen Einheit – in Erfüllung gingen, haben wir ihn erlebt und in vielen Gesprächen immer wieder tief beeindruckt erfahren, dass ihn Rückschläge und Verletzungen unterschiedlichster Art nie von seinem Kurs, von seinem Glauben an die Zukunft, von seinem Vertrauen in seine Mitmenschen, besonders in seine Mitarbeiter, abgebracht haben. Im Gegenteil – er stand z.B. trotz widerrechtlicher Vertreibung und entschädigungsloser Enteignung sofort mit seinem Sohn Hans Georg bereit, um seinen Teil zum Gelingen der Deutschen Einheit, mit der Reaktivierung von Königsee, beizutragen. Auch hier ein Patriot.

Als sich sein Lebenskreis am 24. Juli 2009 schloss, haben wir Abschied genommen von dem treuen, verlässlichen Freund, dem bescheidenen, demütigen Menschen mit unendlich viel Herzenswärme, dem innovativen Pionier und Unternehmer, dem unvergleichlichen Chef und Partner, dem großzügigen Förderer. Mit der beispiellosen Ehrenwache, der wahrlich bewegenden Trauerfeier, in dem unvergesslichen Trauerzug, in zahllosen Kondolenzschreiben, kam zum Ausdruck, welch großartige Persönlichkeit uns vorausgegangen ist: ein Familienunternehmer mit sozialem, karitativem und kulturellem Herzschlag.

So manches große Donum bleibt mit ihm verbunden. Stellvertretend die Kronleuchter, die den Bürgersaal des Rathauses immer wieder ins rechte Licht rücken. Gottlob haben wir Dr. Max Näder schon rechtzeitig bescheiden Danke sagen können. Die Verleihung des Ehrenringes in Gold (1969), die so selten verliehene Ehrenbürgerschaft der Stadt Duderstadt (1990), die Namensgebung Max-Näder-Straße vor der Konzernzentrale (1995) genauso wie das Max-Näder-Denkmal auf der Marktstraße (2010) sind mit ihrer jeweils einstimmigen Meinungsbildung im Stadtrat schon ganz besondere Zeichen.

Persönlich sagen wir auch heute noch einmal Danke für stets gelebte und gepflegte Standorttreue. Aus tiefster Überzeugung dürfen wir deshalb am 100. Geburtstag für die Stadt Duderstadt in Übereinstimmung mit unseren Mitbürgerinnen und Mitbürgern noch einmal feststellen: Dr. Max Näder hat sich um Duderstadt und das Eichsfeld herausragend verdient gemacht. Sein Kommen und Bleiben waren nicht nur ein – sondern der Glücksfall für Duderstadt! Eine gute Fügung im wahrsten Sinne des Wortes! Und ein weiterer Glücksfall ist, dass sein Sohn, Prof. Hans Georg Näder, seit nunmehr 25 Jahren das Lebenswerk seines Vaters nicht nur fortsetzt, sondern ausgehend vom Heimathafen Duderstadt innovativ, kreativ, visionär und mit viel Empathie in immer neue, atemberaubende, globale Dimensionen führt: Als Familienunternehmer mit viel Heimatliebe, mit phantastischen lokalen und regionalen Aktivitäten und genialer unternehmerischer Arbeit.
Otto Bocks Gründungsinitiative, Max und Maria Näders Lebenswerk sind damit auf sehr stabilem und zukunftsorientiertem Fundament. In diesem Sinne freuen wir uns deshalb besonders auf das Max Näder Haus als attraktiven Begegnungsort, an dem die Zukunft Einzug hält.

Lothar Koch (Jahrgang 1939), Ehrenbürgermeister der Stadt Duderstadt und Mitglied des Niedersächsischen Landtags.
Wolfgang Nolte (Jahrgang 1947), Bürgermeister der Stadt Duderstadt seit 2001

FRIEDE
SEI MIT EUCH

Dr. Max Näder – eine Persönlichkeit von bleibender Bedeutung

Pastor i. R. Dr. Karl Wurm

„Wie können die sich in Duderstadt eine Ahrend-Orgel leisten?" Diese Frage stellte ich vor Jahrzehnten, bevor ich nach Duderstadt kam, meinem längst verstorbenen Patenonkel Helmut Winter, der damals Orgelsachverständiger der Hannoverschen Landeskirche war. In seiner manchmal etwas altfränkischen Redeweise antwortete der: „Weißt Du, da ist ein reicher Mann, der macht das möglich". Die erste Wohnung der Familie Wurm in Duderstadt war am Hindenburgring. Dort sah ich recht bald nach unserem Einzug von ferne eine Persönlichkeit, die mich an C. G. Jung erinnerte. Wer war das? Ich bekam bald heraus, dass das der „reiche Mann" war. Max Näder und ich lernten einander kennen. Ich erlebte ihn in bescheidener Zurückhaltung 1977 bei der Weihe der Ahrend-Orgel, die dank Max Näder in St. Servatius realisiert werden konnte und alle meine hohen Erwartungen übertraf. Nicht zuletzt dieses Instrument (und damit indirekt Max Näder) hat mich von Westfalen aufs Eichsfeld gelockt.

Sodann erinnere ich mich an eine Beerdigung, nach der er auf mich zukam und den jungen Pastor ermutigte, in seiner Art weiterzumachen. Das hat mir damals gut getan. Bei weiteren Begegnungen erzählte mir Max Näder von seinen bescheidenen Anfängen auf dem Eichsfeld nach dem Krieg. Wie er sich, obschon evangelischer Christ, bei Propst Ernst, dem katholischen „Fürsten" von Duderstadt, vorstellen musste. Ich hörte ihm sehr interessiert zu. Dr.-Ing. E.h. Max Näder war ein weltweit erfolgreicher Unternehmer mit christlich geprägtem Gewissen. Reichtum, den er nie vor sich hertrug, war für ihn immer auch eine soziale Verpflichtung. So hat er ganz vielen Menschen Gutes getan. Auch seiner evangelischen Kirchengemeinde, der er mit seiner Frau Maria und seinem Sohn Hans Georg treu verbunden war. Seinem Vater nachfolgend engagierte sich Sohn Hans Georg großzügig und damit zielführend bei der Außensanierung seiner Heimatkirche in den Jahren 2009–2011 und bei der anschließend nötigen Reinigung und Überarbeitung der Ahrend-Orgel. Die beeindruckende Persönlichkeit des „Patriarchen" Max Näder verband Größe und Bescheidenheit. Grundlegend wichtig für ihn war das Menschliche. Dazu passt folgendes Erlebnis, das ich vor vielen Jahren hatte. Ich war gebeten worden, auf dem Obereichsfeld eine Beerdigung zu halten. Es waren ärmliche Verhältnisse. Ich war rechtzeitig zugegen, um mich mit Kirche und Friedhof vertraut zu machen. In der kleinen Friedhofshalle stand der Sarg. Einige Blumen waren auch da. Und dann sah ich den großen Kranz mit der Binde „In aufrichtiger Teilnahme Dr. Max Näder und Familie". Wieso das? Ich erfuhr dann, dass der Entschlafene vor Jahrzehnten einmal eine bescheidene Stellung bei Otto Bock innehatte. Diese Geste hat mich zutiefst gerührt. Regelmäßig verbinde ich sie mit ihm.

Max Näder: Ich erlebte ihn zusammen mit seiner Mutter. Ich stand mit ihm am Bett seiner Frau, als es mit ihr zu Ende ging. Bei seinem letzten Geburtstag, im Krankenhaus, zog er mich zu sich und sagte: „Und nie vergessen: Lobe den Herrn, meine Seele, und was in mir ist, seinen heiligen Namen. Lobe den Herrn, meine Seele, und vergiss nicht, was er dir Gutes getan hat." (Psalm 103, Verse 1 und 2). Er betete mit mir, nicht ich mit ihm. Dr. Max Näder bleibt in meinem Gedächtnis als eine vorbildliche, vom Geist des Christentums bestimmte Unternehmerpersönlichkeit von ganz hohem Rang. Es ist unbedingt angemessen, dass sein Haus am Hindenburgring nunmehr als Stätte der Erinnerung an ihn und sein Wirken gestaltet ist.

Pastor i. R. Dr. Karl Wurm (Jahrgang 1947), Von 1976 bis 2012 Pastor und Kirchenmusiker, St. Servatius in Duderstadt

Olga
Salzwedel

Die Beerdigung Max Näders am 31. Juli 2009 gleicht einem Staatsbegräbnis. 3.500 Menschen folgen dem Trauerzug durch die Duderstädter Innenstadt zum St. Paulus Friedhof, wo Max Näder neben seiner 2005 verstorbenen Frau Maria beigesetzt wird.

Max Näder und seine Zeit

Biografische Stationen im Kontext der Zeitgeschichte

1915

Am **24. Juni 1915** wird Max Näder in Oberweißbach im Thüringer Wald geboren

1916/17

Nach dem Tod des Vaters Paul Näder im Jahr **1916** zieht die Mutter mit den beiden Söhnen nach Königsee ins väterliche Elternhaus

1922–35

Schulzeit zunächst inKönigsee, später an der Oberrealschule Fridericianum in Rudolstadt mit Abitur

1935–38

1935 Beginn der Lehre als Orthopädiemechaniker und Industriekaufmann in der Orthopädischen Industrie (O.I.) Otto Bock in Königsee
1937 Maschinenbau-Studium an der Technischen Universität Berlin-Charlottenburg
1938 Arbeitsdienst und anschließender Wehrdienst

1939–45

Fronteinsätze im Zweiten Weltkrieg in verschiedenen europäischen Staaten und Afrika

Am **27. August 1943** heiratet Max Näder im Fronturlaub die Fabrikantentochter Maria Bock (geb. 1922)

1914–18

Erster Weltkrieg

1929

Weltwirtschaftskrise

1939–45

Zweiter Weltkrieg

1945

Februar Aufteilung Deutschlands in vier Besatzungszonen

Max Näders Auszeichungen

1969
Ehrenring der Stadt Duderstadt in Gold für besondere Verdienste um die Stadt Duderstadt auf wirtschaftlichem Gebiet

1974
Verleihung der Heine-Hessing-Medaille in Gold des Bundesinnungsverbandes für Orthopädie-Technik

1983
Verdienstmedaille für besondere Verdienste im Niedersächsischen Landesverband des DRK (Deutsches Rotes Kreuz)

1984
Ernennung zum „Honorary Fellow" (Ehrenmitglied) durch die Rehabilitation Engineering Society of North America (RESNA) for national and international contributions to rehabilitation engineering and for inspired leadership in the founding of RESNA

1970
Verdienstkreuz 1. Klasse des Verdienstordens der Bundesrepublik Deutschland

1985
Verleihung der Georg Hohmann Plakette von der DGOT (Deutsche Gesellschaft für Orthopädie und Traumatologie)

1985
Ehrenpromotion an der Technischen Universität Berlin zum Dr.-Ing. E.h.

1985
Medaille des deutschen Sozialverbandes VDK (Verband der Kriegsbeschädigten, Kriegshinterbliebenen und Sozialrentner Deutschlands)

1986
Ehrenzeichen des DRK der Bundesrepublik Deutschland

1988
Ernennung zum Ehrenbürger der Stadt Winnipeg/Kanada

1990
Ehrenbürgerschaft der Stadt Duderstadt

1992
Verdienstorden der Republik Italien (Cavaliere dell' Ordine al Merito della Repubblica Italiana)

1990
Ehrenobermeister der Innung für Orthopädie-Technik Düsseldorf

1995
Verleihung der Landesmedaille des Landes Niedersachsen

1994
Großes Verdienstkreuz des Verdienstordens der Bundesrepublik Deutschland

1993
Ehrenbürgerschaft der Stadt Königsee

1996
Umbenennung der Industriestraße in Max-Näder-Straße

1997
Benennung des Staatl. Gymnasiums Königsee in Dr. Max Näder Gymnasium

2000
Ehrengabe des Behinderten-Sportverbandes Niedersachsen für das Lebenswerk – höchste Auszeichnung des BSN

2008
Max Näder Research Center for Rehabilitation Science. Einrichtung und Namensgebung auf Initiative der AOPA (American Orthotic and Prosthetic Association)

2008
Ehrenmedaille der Bundeshauptstadt Wien in Silber

ɜ5–88

ɜrleihung der Ehren-
ʻürde
ʻündung der
ck Stiftung

IFTUNG

nlässlich der Para-
hen Spiele in Seoul
die Kooperation mit
mpischen Sport
ɜ8 Max Näders
Helene stirbt

1990/91

1990 Übergabe der Geschäftsführung an den Sohn Hans Georg.

Dezember 1991 Vertragsunterzeichnung zum Rückkauf des Stammhauses in Königsee.

1993

Juni 1993 Nach abgeschlossener Sanierung der Fabrikanlagen wird die Otto Bock Orthopädische Industrie- und Rehabilitationstechnik in Königsee eingeweiht

1995

Zu Ehren des 80. Geburtstags wird die Duderstädter Industriestraße in Max-Näder-Straße umbenannt

2005

5.6.2005 Maria Näder stirbt 83-jährig in Duderstadt

2009

Max Näder stirbt am **24.7.2009** im Alter von 94 Jahren in Duderstadt

ɜ89

en Grenze

1990

Wiedervereinigung der beiden deutschen Staaten

1998

Gerhard Schröder wird Bundeskanzler

2005

Angela Merkel wird Bundeskanzlerin

1945

August 1945 Entlassung aus der Armee und Aufnahme beim Schwager in Hamburg
Oktober 1945 Maria Näders Ankunft in Hamburg nach Flucht über die Grenze
November 1945 Standortsuche für Neuaufbau der Othopädischen Industrie führt nach Duderstadt

1946–49

Februar 1946 Gründung der O.I.-Zweigstelle Nord als Umschlagplatz für Ost-West-Tauschhandel in der Marktstraße 71
September 1946 Genehmigung des Produktionsbetriebes durch die Regierung Hildesheim
August 1947 Produktionsbeginn in der Halle 20 des ehemaligen Rüstungsbetriebes Polte auf dem Euzenberg in Duderstadt
1.10.1947 Gründung der Orthopädischen Industrie KG
Juni 1948 Enteignung der O.I. Königsee
2. November 1948 Otto und Maria Bock fliehen von Königsee nach Duderstadt

1953–58

14. August 1953 Gründung der Otto Bock Kunststoff GmbH
8. September 1953 Tod Otto Bocks

August—Oktober 1956 Erste Geschäftsreise in die USA
Februar 1958 Gründung der ersten Auslandsgesellschaft: Otto Bock Orthopedic Industry Inc. in Minneapolis/Minnesota. Geschäftsführer wird John Hendrickson

State of Minnesota
Department of State

1961

4. September 1961 Sohn Hans Georg wird geboren

1961–69

1961 Grundstückserwerb an der Industriestraße
1963 Industrieneubau für die Kunststoffsparte und die Orthopädie **(1965)**
Nachfolgend ständige Erweiterungsbauten auf dem Betriebsgelände

September 1969
50-jähriges Jubiläum der 1919 von Otto Bock gegründeten Orthopädischen Industrie und Richtfest für das Verwaltungsgebäude auf dem Betriebsgelände

1983

Erweiterung der Kunststoffanlagen mit Zuführungsbahn über die Industriestraße

19

1985 V
doktor
1987 G
Otto Bo

1988 A
lympis
beginn
dem ol
12.7.19
Mutter

1946

November Entstehung des Landes Niedersachsen

1948

Juni Währungsreform

1949

Mai Gründung der Bundesrepublik Deutschland
Oktober Gründung der Deutschen Demokratischen Republik

1961

Bau der Berliner Mauer

1969

Willy Brandt wird Bundeskanzler

1974

Helmut Schmidt wird Bundeskanzler

1982

Helmut Kohl wird Bundeskanzler

1

Öffnung der innerdeutsch

Der Vergangenheit eine Zukunft geben: das Max Näder Haus – kein Museum

Maria Hauff

Mit „klarem Blick nach vorn" hat Prof. Hans Georg Näder am 24. Juni 2015 sein baulich erweitertes Elternhaus am Hindenburgring einer neuen Bestimmung übergeben. Als Sitz des Näder Family Office, des Ottobock Firmen - und Familienarchivs und mittelfristig auch der Ottobock Holding soll das Max Näder Haus Inspiration und Wissensspeicher sein – ein Bindeglied zwischen Vergangenheit und Zukunft.

Interaktion von Neu und Alt

Schon die Architektur des Gebäudes aus kontrastierenden Elementen setzt ein entsprechendes Statement: Ein vielkantiger Betonanbau mit schimmernder Metallfassade, der den Geist des 21. Jahrhunderts atmet, verbindet sich mit dem Altbau von 1939, der sich den Retro-Charme seiner Umbauten der 1960er Jahre bewahrt hat. Hier tritt Alt und Neu in Interaktion, ganz in der Handschrift des Architekten Rolf Gnädinger, der weltweit seine spektakulären Bauideen umsetzt. Sein „Glanzstück", das Science Center Medizintechnik (2009), macht in Berlin als Ottobock Markenbotschafter Furore – das Schützenmuseum am Westerturm als viel diskutierter Edelstein in der Duderstädter Innenstadt nicht viel weniger.

Das Gedächtnis der Firma

Zukunft ist ohne Geschichte nicht zu haben, diese Einsicht manifestiert sich

Anwesen der Familie Näder (1980)
und Blick ins Esszimmer (1969)

in der Einrichtung des Unternehmensarchivs im Max Näder Haus.

Das Archiv widmet den Unterlagen, die seit Unternehmensgründung 1919 kontinuierlich zum wertvollen Gedächtnis der Firma anwachsen, die Aufmerksamkeit, die sie verdienen. Ihre Aussagekraft ist von großem Wert, allerdings nur, wenn sie erschlossen sind. Das Ottobock Firmen- und Familienarchiv übernimmt daher die Aufgabe, die firmenhistorisch und -juristisch relevanten Bestände - Schriftgut, Zeichnungen, Objekte und audiovisuelle Medien, deren Stückzahlen in die Zigtausende gehen – zu bewerten, zu verzeichnen und zu erhalten. Die Digitalisierung ganzer Bestände ist dabei eine unverzichtbare Sicherungsstrategie.

Das Firmenarchiv fungiert allerdings nicht allein als Wissensspeicher, sondern ist effizient in der Nutzbarmachung des gesammelten Firmenwissens für heutige und zukünftige Fragestellungen.

Das Unternehmen benötigt sein Archiv als Informationsdienstleister, der einen schnellen Zugriff auf strukturierte historische Information garantiert. In den Feldern Unternehmenskommunikation und "History Marketing" angesiedelt, vermittelt das Archiv Geschichte öffentlichkeitswirksam, womit es seinen Beitrag zur Stärkung der Marke leistet.

Schätze des Archivs werden regelmäßig im Foyer des Max Näder Hauses präsentiert. Die Auftaktausstellung zur Eröffnung des Hauses am 24. Juni 2015 lässt die Geschichte vom schwierigen Neuanfang Max Näders in Duderstadt lebendig werden.

Gestern – Heute – Morgen

Eine Schriftzeile, als Bodenintarsie in die Schwelle des Neubaus eingelassen, führt den Besucher auf die Spur: „Der Vergangenheit eine Zukunft geben." Diesem Programm ist auch die Firmenphilosophie verpflichtet, die beides – Innovation und Tradition – als ihre Säulen betrachtet. Ebenso wie Max Näder in den Wurzeln der Firma und den Werten des Firmengründers Otto Bock die maßgebliche Basis für neue Entwicklungen sah, nimmt auch Hans Georg Näder in dritter Firmengeneration das Erbe seiner Vorfahren ernst: „Wir nutzen unsere Geschichte als Triebfeder für die Zukunft."

Das Max Näder Haus bedeutet ihm: „Ursprung, Heimat und Elternhaus – visionär dem Unternehmen über die vierte Generation hinaus Zukunft geben."

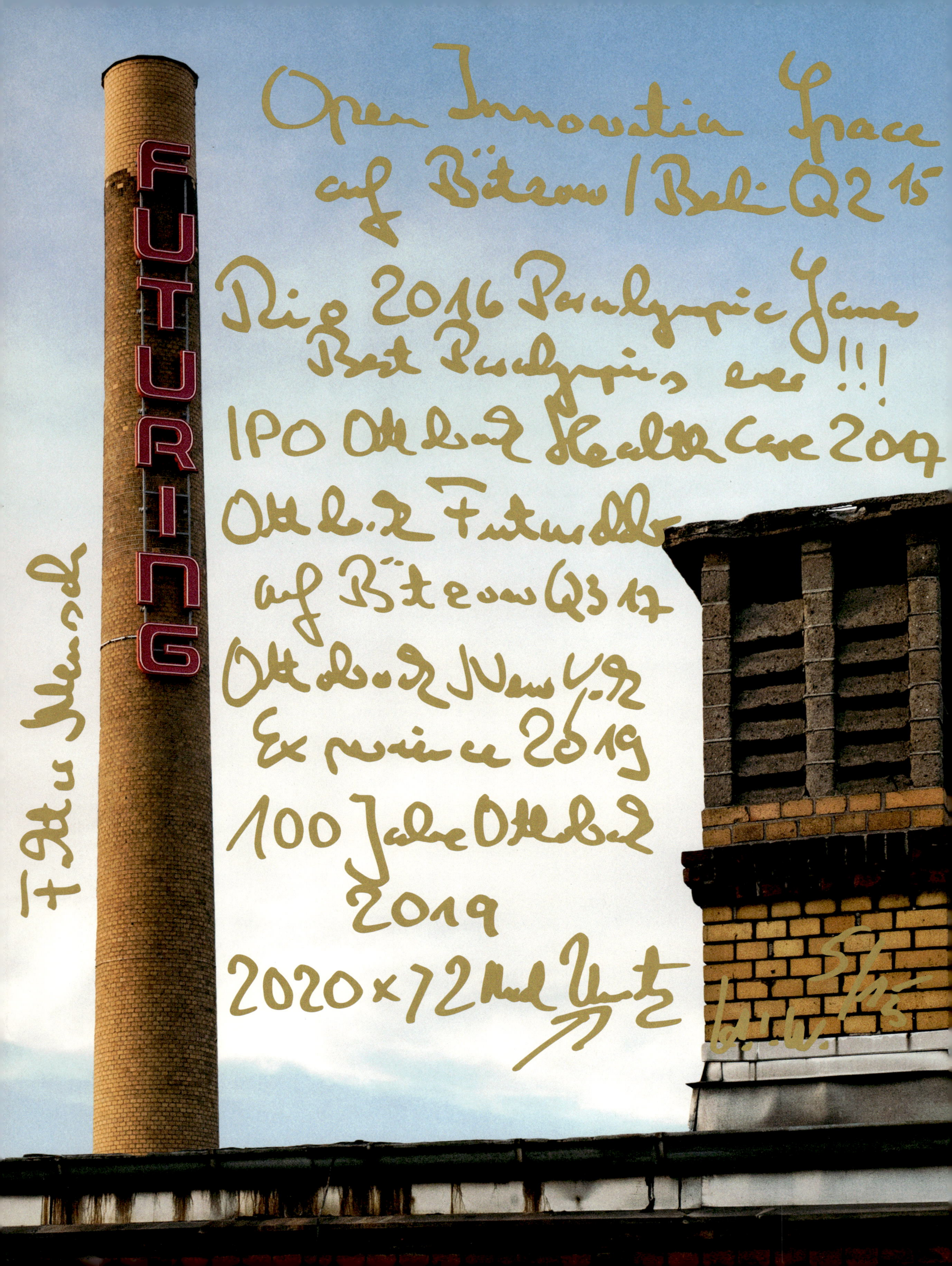
FUTURING